Sarah Harwardt | Claudia Seidel
Christian Dose | Imke de Jonge | Jan de Jonge | Bernhard Krieger

USA
UTAH TRAVELGUIDE

Nationalparks, Red Rocks und viele weitere Abenteuer

360° medien

IMPRESSUM

USA – Utah Travelguide
Nationalparks, Red Rocks und viele weitere Abenteuer
Sarah Harwardt, Claudia Seidel | Utah Office of Tourism
Gastautoren: Christian Dose, Imke de Jonge, Jan de Jonge und Bernhard Krieger

Marie-Curie-Straße 31 | 40822 Mettmann
www.360grad-medien.de

Redaktion und Lektorat: 360° medien

Satz und Layout: Serpil Sevim-Haase

Gedruckt und gebunden:
Himmer GmbH Druckerei & Verlag | Steinerne Furt 95 | 86167 Augsburg
www.himmer.de

Bildnachweis: siehe Seite 230

ISBN: 978-3-96855-002-2
Hergestellt in Deutschland

www.360grad-medien.de

Sarah Harwardt | Claudia Seidel
Christian Dose | Imke de Jonge | Jan de Jonge | Bernhard Krieger

USA
UTAH TRAVELGUIDE

Nationalparks, Red Rocks und viele weitere Abenteuer

360° medien

Vorwort

Mehr Sehnsucht geht nicht: Utah ist das Land der imposanten Naturwunder. Ob der Great Salt Lake als größter Salzsee der USA, verwunschen wirkende Steinformationen oder rotorange strahlende Felsbögen: Naturfreunde und Outdoor-Fans, Wanderer und ambitionierte Fotografen kommen im Beehive State auf ihre Kosten – garantiert. Und selbst wer schon einmal die Hoodoos im Bryce Canyon National Park bestaunt oder durch den Zion National Park gewandert ist, kommt oftmals ein zweites, drittes, viertes Mal wieder.

Utah ist so vielfältig, dass es immer wieder Neues zu entdecken gibt. Allein die farbenfrohe und kontrastreiche Landschaft im Winter, wenn sich an manchen Stellen der Schnee fein wie Puderzucker über die Felsen legt und weiß auf rot schimmert, lohnt eine eigene Reise. Überhaupt ist der Winter für Skifahrer ein attraktives Ziel: Der feine Schnee in den Skigebieten gilt als „The Greatest Snow on Earth®" und lockte 2002 die Olympioniken nach Salt Lake City, Park City, Soldier Hollow und weitere bekannte Wintersportorte. Doch Utah bietet mehr als unvergessliche Landschaften – dazwischen laden immer wieder gleichermaßen pittoreske, pulsierende kleine Städte wie z. B. Moab zum Verweilen ein, von der Metropole und Hauptstadt Salt Lake City ganz zu schweigen.

Utah, seit 1896 der 45. Bundesstaat der USA, liegt eingerahmt von Arizona, Colorado, Idaho, Nevada und Wyoming im Südwesten der Vereinigten Staaten. Gerade einmal 3,1 Millionen Einwohner verteilen sich auf 220.000 Quadratkilometer. Mit entsprechend 13 Einwohnern pro Quadratkilometer ist Utah deutlich dünner besiedelt als Deutschland mit 232. Ruhige Momente in der Natur sind somit vorprogrammiert. Und das gilt auch für die Nationalparks: Besonders im Frühling, Herbst und Winter sind die bekannten Hotspots weniger besucht als im Vergleich zum Sommer. Dabei nicht vergessen: Auch außerhalb der Parks gibt es viel zu entdecken. Utah off-the-beaten-path!

Salt Lake City als größte Stadt ist zugleich Hauptstadt und wurde 1847 von religiösen Anhängern und Pionieren der „Kirche Jesu Christi der Heiligen der Letzten Tage" gegründet. Dank der zentralen Lage ist die Stadt das ideale Gateway in die Natur. Weite Teile des Bundesstaates sind heute geschützt: Die fünf Nationalparks, bekannt auch als „The Mighty 5®", und die neun National Monuments zählen zu den beliebtesten Zielen. Hinzu kommen 44 State Parks, die leider zu Unrecht oftmals im Schatten der populären Nationalparks stehen. Dabei sind sie mindestens ebenso atemberaubend und meist weniger besucht, was ideal für echte Entdeckungen abseits der etablierten Pfade ist. Und weckt nicht allein schon dieser Name Sehnsucht? Kodachrome Basin State Park, benannt nach dem Farbfilm der Firma Kodak.

Dank der weitgehend abgelegenen Lage, dem Fehlen urbaner Großstädte und der reinen Luft mangels großer Industrieansiedlungen, ist der Bundesstaat auch ein idealer Ort, den nächtlichen Sternenhimmel und die Milchstraße zu bewundern. 16 ausgewiesene Dark Sky Parks weisen den Weg zu den besten Spots. Und dass es in Utah keinen Alkohol gibt, ist übrigens ein falsches Klischee. Ganz im Gegenteil: Mehr als 50 Brauereien liegen im Staat verteilt.

Wir möchten Ihnen in diesem Buch die schönsten Plätze Utahs vorstellen, garniert mit vielen Insider-Tipps zum Erkunden, Wandern und Fotografieren. Empfehlungen für Routen, Ausflüge, Hotels, Campingplätze und Restaurants helfen bei der persönlichen Reiseplanung. Und schnell werden Sie feststellen: Zwei oder drei Wochen sind ein guter Start in die Faszination Utah. Doch wer einmal dem Zauber des Bundesstaates verfallen ist, kommt immer wieder. So erging es auch unseren Autoren, die teils viele Male und zu allen Jahreszeiten den Beehive State erlebt.

Wir wünschen viel Spaß beim Lesen sowie Fernträumen – und einen unvergesslichen Roadtrip durch Utah mit vielen WOW-Momenten!

Sarah Harwardt, Claudia Seidel
Christian Dose, Imke de Jonge, Jan de Jonge, Bernhard Krieger

Inhaltsverzeichnis

KANADA
USA
Ottawa
New York
Washington
Salt Lake City
UTAH
Denver
Las Vegas
Los Angeles
Atlanta
Atlantischer Ozean
Pazifischer Ozean
MEXIKO
Miami
Nassau
Mexiko Stadt
Guatemala-Stadt
Karibisches Meer

IDAHO
WYOMING
Bear Lake State Park
Logan
Great Salt Lake
Ogden
Flaming Gorge Recreation Area
Bonneville Salt Flats
Salt Lake City
Red Fleet State Park
Steinacker State Park
Wendover
Park City
Midway / Heber Valley
Starvation State Park
Vernal
Dinosaur National Monument
Provo
Helper
Price
UTAH
Green River
Sevier Lake
Arches National Park
Goblin Valley State Park
Dead Horse Point State Park
Moab
Capitol Reef National Park
Canyonlands National Park
Torrey
Colorado River
Monticello
Cedar City
Bryce Canyon National Park
Cedar Breaks
Grand Staircase-Escalante
Natural Bridges National Monument
Kodachrome Basin State Park
Zion National Park
Lake Powell
St. George
Springdale
Kanab
Monument Valley
Coral Pink Sand Dunes State Park
Navajo Indian Reservation
Four Corners National Monument
ARIZONA

1. Utah auf den ersten Blick:
Eine Einführung in den Beehive State

Utah ist das Land der großen Kontraste: Olympiareife Skigebiete wechseln sich mit zerklüfteten, wüstenähnlichen Landschaften ab. Der Bundesstaat im Südwesten der Vereinigten Staaten gilt auch als „The Beehive State" – der offizielle Beiname ist auf den Bienenkorb zurückzuführen, den die ersten Siedler des Landes als Bekenntnis zum Fleiß als Staatssymbol wählten. Auf die indigene Bevölkerung – speziell den Stamm der Ute – ist der Name des Bundesstaates zurückzuführen, der seit 4. Januar 1896 als 45. Mitglied den USA angehört. Mutmaßlich lebten in der Region schon vor rund 2000 Jahren unter anderem die Fremont People, ehe die Gegend ab etwa 1540 von spanischen Entdeckern erkundet wurde. Von 1847 wurde das heutige Utah vor allem von den Mitgliedern der „Kirche Jesu Christi der Heiligen der Letzten Tage" erschlossen und schließlich im September 1850 offiziell als sogenanntes Utah Territorium ausgewiesen.

Utah mit aktuell rund 3,1 Millionen Einwohnern grenzt an gleich sechs US-Bundesstaaten: Mit Colorado, New Mexiko und Arizona bildet es das einzige Vierländereck der USA, bekannt durch das Four Corners National Monument im Südosten Utahs. Zudem grenzt es an Nevada, Idaho und Wyoming. Utah erstreckt sich über rund 220.000 Quadratkilometer – von Ost nach West über 435 Kilometer und von Süd nach Nord über 560 Kilometer. Größte Stadt und zugleich Hauptstadt ist Salt Lake City mit rund 200.000 Einwohnern, das recht bekannte St. George kommt immerhin auf 85.000. Knapp zwei Drittel der Bevölkerung gehören der Glaubensgemeinschaft der „Kirche Jesu Christi der Heiligen der Letzten Tage" (Church of Jesus Christ of Latter-day Saints) an. Vielerorts ist der Begriff „Mormonen" geläufig, aber dieser wird seit einer Namenskorrektur der Gemeinschaft im Jahr 2018 nicht mehr verwendet.

Utah ist von mehreren Bergketten eingerahmt: So ziehen sich im nördlichen Landesdrittel die Wasatch Mountains auf bis zu 3700 Meter und bilden die geologische Grenze zwischen dem Colorado Plateau im Osten und Süden sowie der geologischen Formation der Basin and Range Province im Norden. Die Rocky Mountains reichen bis nach Utah hin, während im Nordosten mit den Uinta Mountains (Gebirgskette der Rocky Mountains) das höchste – inklusive dem 4123 Meter hohen Kings Peak als höchstem Gipfel. Das Colorado Plateau , im Südwesten des Staates, mit seinen zahlreichen Nationalparks wird vom Green River und Colorado River durchschnitten, während die Basin and Range Province vom Great Salt Lake geprägt ist.

Große Bedeutung für den Bundesstaat hat der Tourismus. Fünf bekannte Nationalparks – nur Alaska und Kalifornien haben mehr – schützen die einzigartige Landschaft. Hinzu kommen neun National Monuments, sieben National Forests und zwei sogenannte National Recreation Areas sowie 44 State Parks. Daneben steht Utah auch für kulturelle Highlights: Dazu zählt in erster Linie der Temple Square in Salt Lake City mit dem imposanten Salt Lake Temple – der Komplex gehört laut dem US-Wirtschaftsmagazin „Forbes" zu den 20 beliebtesten Attraktionen der gesamten Nation. Weithin bekannt ist auch das Sundance Film Festival in Park City für Independent Movies, welches stets Ende Januar stattfindet und jahrelang von Schauspiel-Ikone Robert Redford geleitet wurde.

Rainbow Bridge National Monument

2. Unterwegs im Utah:

Wie kommt man nach Utah? Gibt es Mietwagen oder Campingplätze? Wie ist eigentlich das Wetter?

Der elftgrößte Bundesstaat ist an den deutschsprachigen Raum bislang noch nicht besonders gut angebunden. Der Salt Lake City International Airport mit der zehn Minuten entfernten Hauptstadt als Tor nach Utah ist aktuell von Deutschland und der Schweiz aus nicht per Direktflug zu erreichen. Bis 2024 wird der Flughafen umfangreich modernisiert und erweitert, parallel zum laufenden Flugbetrieb. Lufthansa beispielsweise bietet mit Star-Alliance-Partner

Salt Lake City International Airport

United Airlines Flüge via München oder Frankfurt über Denver, San Francisco, Los Angeles oder Chicago nach Salt Lake City (SLC). British Airways/American Airlines (OneWorld) offerieren ebenso Umsteigeverbindungen wie KLM/AirFrance/Delta (SkyTeam). Die Reisezeit beträgt dann rund 15 bis 18 Stunden (inklusive Aufenthalte beim Umsteigen). Alternativ bieten sich Flüge über Las Vegas an, das seit Jahreswechsel 2019/2020 von Frankfurt, München und Zürich aus per Nonstopflug angeflogen wird. Gerade der Südwesten Utahs, beispielsweise mit dem Zion National Park, ist von der Casino-Stadt vergleichsweise schnell in rund 1,5 bis zwei Stunden erreichbar. Der Zeitunterschied nach Deutschland, Schweiz und Österreich beträgt minus acht Stunden.

Utah lässt sich am einfachsten per Mietwagen oder Wohnmobil bereisen. Busse von Greyhound stoppen meist in größeren Orten wie Salt Lake City, Park City oder St. George, selten bzw. nicht aber in Moab oder Springdale, die teilweise aber über kleine Busunternehmen erreichbar sind. Auch sogar vier Skigebiete werden direkt per Shuttle ab Salt Lake City angesteuert.

Hotels jeder Qualität und Preislage sind in allen Städten zu finden. In Moab ist im Juli beispielsweise ein Zimmer nicht für unter 100 Euro zu bekommen, während die Mehrzahl der Angebote zwischen 150 und 250 Euro pro Nacht und Zimmer liegt. Campingplätze finden sich in allen touristisch bedeutenden Orten. Private Campingplätze sind im Regelfall komfortabler und teurer als Stellplätze in den Nationalparks – beispielsweise rund 50 US-Dollar bei Ruby's Inn vor dem Eingang zum Bryce Canyon, verglichen mit 30 US-Dollar pro Nacht und Stellplatz auf dem North Campground im Nationalpark selbst. Wichtig: Nicht alle Campingplätze lassen sich im Vorfeld reservieren bzw. teils erst einige Monate vorher. Und: Die Nachfrage in den Nationalparks ist sehr hoch, sodass eine möglichst frühzeitige Buchung ratsam ist.

Utah lässt sich ganzjährig bereisen. Als beste Jahreszeit gelten Frühjahr und Herbst, wenn die Temperaturen angenehmer und Parks tendenziell weniger stark besucht sind. Zur Hauptreisezeit im Sommer gesellen sich teils sehr hohe Temperaturen – im Süden Utahs wie z. B. Moab bis knapp 40 Grad Celsius. Im Winter laden Orte wie Park City und Ogden zum Skifahren ein, während es in den Nationalparks deutlich ruhiger ist und möglicher Schneefall die Landschaft nochmals anders erscheinen lässt.

Utah State Capitol

3. Must-See & Must-Do

Utah abseits und dazwischen. Von allen Tipps, Highlights und Zielen in diesem Guide haben wir eine Auswahl an Top-Highlights für ein (erstes) Stelldichein zusammengestellt. Sie gehören einfach auf eine Utah Travel List – ganz gleich, ob Newcomer oder erfahrener Südwestler. Viel Vergnügen beim Inspirieren, Fernträumen und Entdecken!

- **Chasing Waterfalls:** Hike zu den 38 Meter hohen Lower Calf Creek Falls;

Lower Calf Creek Falls

- **Salt Lake Temple & Temple Square:** 40 Jahre Bauzeit und imposant bei Tag sowie Nacht
- **Sunset & Sunrise in den „The Mighty 5®“:** Unterwegs in Utahs fünf gewaltigen Nationalparks
- **Antelope Island State Park:** Bison Watching auf einer Halbinsel im Great Salt Lake
- **Himbeeren satt!** Stopp in Garden City am türkisblauen Bear Lake auf einen Himbeer-Shake
- **Stargazing & Glamping:** Date-Night mit der Milchstraße und dem Sternenhimmel in Utahs 16 Dark Sky Parks
- **Highway 163:** Selfie am Forrest Gump Point im legendären Monument Valley

- **Kobolde jagen:** ... im Goblin Valley State Park
- **Film ab!** Berühmte Drehorte in Utah von über 1000 Hollywood-Blockbustern und TV-Serien besuchen – oder Movie-Night in einem von Utahs letzten sechs Autokinos (Drive-In-Theaters). Highlight: Übernachtung in der Parry Lodge oder im Sundance Mountain Resort von Schauspiel-Ikone Robert Redford
- **Wein aus Utah:** Castle Creek Winery und Red Cliffs Lodge & Winery
- **Ski & Snowboard:** In Utahs 15 Skigebieten mit dem wissenschaftlich nachgewiesenen „The Greatest Snow on Earth®"
- **Frisch aus dem Ofen:** Ein saftiges Stück Apple Pie in der Gifford Farm am Capitol Reef National Park
- **Fuß auf Fuß mit Dinosauriern:** Im Red Fleet State Park oder Dinosaur National Monument
- **Skulpturen im Nirgendwo:** Spiral Jetty, Sun Tunnels, Tree of Utah – Land Artsy Utah

Dinosaurier-Spuren im Red Fleet State Park

- **Größte natürliche Steinbrücke der Welt:** Superlative einmal anders – Rainbow Bridge, 82 Meter breit und 88 Meter hoch
- **Ski-In-Ski-Out in der Destillerie!** Après-Ski in der High West Distillery in Park City
- **Slot Canyons, Hoodoos, Arches:** Das Einmaleins Utahs bizarrer Felsformationen – garantiert beaUTAHful

Lake Powell

- **Utah auf und unter Wasser:** Im Lake Powell. Rafting auf dem Green River. SUP (Stand-up-Paddling) auf dem Colorado River

- **Hot Springs:** Must-Do im Winter – Entspannen in Utahs geothermalen Quellen, z. B. Homestead Crater oder Fifth Water Hot Springs

- **Indian Summer & Leaf Peeping:** Die bunten Herbstfarben auf Utahs Scenic Byways, wie z.B. Scenic Byway 12 / „All American Road", einfangen

- **First, Local!** Shoppen „Made in Utah" – Salz, Honig, Käse, Schokolade, Gin sowie Kunsthandwerk aus Naturmaterialien, Lederwaren und Keramik

- **Moab Music Festival:** Klassik in einer Grotte – einzigartiges Klangerlebnis

- **Juniper Tree:** Entspannende Wanderung zum „Oldest Rocky Mountain Juniper Tree der Welt" im Logan Canyon

- **Cedar Breaks National Monument:** Blick auf das geologische Amphitheater auf rund 3300 Meter Höhe

- **Gigantische Steinbrücken in Aussicht:** Sipapu, Kachina, Owachomo – Bridge-Hopping im Natural Bridge National Monument

- **Artsy Utah!** Auf Streifzügen durch Galerien und an Murals sowie Graffitis vorbei, z. B. „Banksy" in Park City.

- **Vier auf einen Streich!** Utah teilt sich mit drei anderen Staaten einen gemeinsamen Grenzpunkt. Mit etwas Beweglichkeit in Armen und Beinen ist man am Four Corners National Monument gleichzeitig in Utah, New Mexico, Colorado sowie Arizona

Creative Vibes

Milchstraße über dem Double Arch im Arches National Park

4. Schon gewusst? Kurioses, das überrascht!

Zehn überraschende Fakten über den Beehive State und seine Utahns

Ein Viertausender, fünf Nationalparks, neun National Monuments, elftgrößter Bundesstaat der USA, 15 Skigebiete, 16 Dark Sky Parks, 44 State Parks, 45. US-Bundesstaat, über 2000 Steinbögen, Tausende Meilen Scenic Highways, weltgrößte Steinbrücke, Olympische Winterspiele 2002 – unendlich viele Erlebnisse. Aber sind auch die folgenden Fakten bekannt?

Fakt 1: Der schwerste Baum der Welt

Vor 80.000 Jahren keimte ein Pfefferkorn großer Samen im feuchten Mineralboden unaufhaltsam zu einem der schwersten Organismen der Welt heran. Es handelt sich dabei um einen Zitterpappel-Wald, bei dem etwa 47.000 Bäume unterirdisch durch Wurzeln verbunden sind. Der „The Trembling Giant" oder auch „Pando" (lat. Pando = „Ich verbreite mich") befindet sich in Utahs 6702 Quadratkilometer großen Fishlake National Forest.

Pando

Fakt 2: Vom See zur surrealen Salzwüste

Vor rund 15.000 Jahren nahm Lake Bonneville, aus dem der Great Salt Lake als Überrest hervorgegangen ist, ein Drittel der Fläche Utahs ein. Der See trocknete aus, daraus haben sich Salzablagerungen gebildet – die Bonneville Salt Flats. Unter Cineasten sind diese bekannt als Kulisse für Blockbuster wie „Independence Day“ oder „Pirates of the Caribbean“. Jedes Jahr im August findet unter anderem auch die Bonneville Speed Week statt, bei der mit Fahrzeugen unterschiedlichster Art Geschwindigkeitsrekorde erzielt werden. Benannt wurde die Salzwüste nach Captain Benjamin Louis Eulalie de Bonneville (ca. 1796 bis 1878), der eine Expedition in den Westen der Vereinigten Staaten angeführt hatte.

Great Salt Lake

Fakt 3: Von Pink bis zur Spirale

Er ist eines der Wahrzeichen Utahs – der Great Salt Lake, der durch einen Bahndamm in zwei Teile getrennt wird. Dadurch ergibt sich ein unterschiedlicher Salzgehalt in den Bereichen, was wiederum unzählige Organismen beeinflusst. Rosafarbene Mikroben in der nördlichen Gunnison Bay, die Karotinoide beinhalten, färben das Wasser besonders im Spätsommer pink. Weiterer See-Blickfang: die Spiral Jetty, eine 460 Meter lange, sich gegen den Uhrzeigersinn windende Steinspirale im Wasser, 1970 geschaffen von Land-Art-Künstler Robert Smithson.

Fakt 4: Vier auf einen Streich
Utah gehört zu insgesamt vier US-Staaten, die sich eine gemeinsame Grenze teilen. Im Four Corners National Monument kommen Utah, Colorado, New Mexico sowie Arizona zusammen. Das Monument m t einer Bronze-Platte befindet sich auf dem Gebiet der Navajo. Mit etwas Biegsamkeit in Armen und Beinen kann man so an einem Ort gleichzeitig in vier Staaten sein.

Salt Lake Temple am Temple Square

Fakt 5: Vier Jahrzehnte Bauzeit des Salt Lake Temple
Salt Lake City. Temple Square. Salt Lake Temple. Er ist das Zentrum der Glaubensanhänger der „Kirche Jesu Christi der Heiligen der Letzten Tage" (The Church of Jesus Christ of Latter-day Saints, LDS) sowie Herzstück von Utahs Hauptstadt und gleichzeitig ein architektonischer Höhepunkt. Am 14. Februar 1853 erfolgte der erste Spatenstich. 40 Jahre hat die Fertigstellung des neugotischen Bauwerks gedauert. Als bedeutendem Punkt der Stadt orientieren sich auch die Straßennamen an ihm: Wer z. B. in 600 South lebt, ist sechs Blocks südlich vom Temple entfernt. Hinweis: Seit Dezember 2019 finden im Salt Lake Temple sowie am Temple Square umfangreiche Renovierungen und Umbauten statt, einige wenige Bereiche sind der Öffentlichkeit zugänglich. Die Wiedereröffnung ist für 2024 vorgesehen.

Fakt 6: Unterwegs im Bauchnabel Utahs
Die 1868 gegründete Kleinstadt Levan markiert einen geografischen Punkt, der der Position des menschlichen Nabels gleicht. Ist es reiner Zufall, dass der Name rückwärts im Amerikanischen buchstabiert und übersetzt Nabel bedeutet!?

Fakt 7: Schweizer Pioniere im Beehive State

Ab Mitte 1850 siedelten die ersten Schweizer nach Utah. Im 5000 Einwohner zählenden Midway im Heber Valley, auch als „Utah´s Little Switzerland" bekannt, gibt es jedes Jahr Ende Januar das Festival „Swiss Days", welches den Pionieren gewidmet ist. In Snowbird kann darüber hinaus seit 1985 eine Gedenkstätte mit einem Stein vom Gipfel des Matterhorns bewundert werden.

Fakt 8: Seltenes Schattenspiel im Monument Valley

Nur zwei Mal im Jahr für zwei Wochen gibt es im Monument Valley ein kurioses Naturspektakel: An wenigen Tagen erscheint die markante Silhouette des West Mitten Butte zum Sonnenaufgang genau zentral auf dem Right Mitten Butte. Optimales Zeitfenster: um den 30. März sowie 12. September.

The Mittens im Monument Valley

Fakt 9: Alles Jell-O, oder?!

Er ist grün, wackelt und klarer Favorit in Utah, wenn es um Desserts geht. Die Götterspeise Jell-O ist nicht nur offizieller Staats-Snack. Die Metropole Salt Lake City verzeichnet darüber hinaus den größten Verbrauch pro Einwohner in den USA.

Fakt 10: Vom „Pluto Platter" zum Frisbee

Es war Walter Frederick Morrison aus Utah, 1920 in Richfield geboren und 2010 in Monroe gestorben, der als der Erfinder des heutigen Frisbees gilt. Im Alter von elf Jahren zog „Freds" Familie nach Kalifornien. Was am Strand von Santa Monica mit einem hin und her geworfenen Kuchenblech begann, ist heute sogar Olympische Sportart.

5. Geologische Naturwunder

Jeden Tag erwartet Utah-Reisende eine neue, faszinierende geologische Formation. Dünen und Wüsten wechseln sich ab mit Tafelbergen, Slot Canyons und Steinbögen. Was Besucher zum Staunen und Fotografieren bringt, lädt Geologen zum Erkunden ein. Tektonische Verschiebungen, Erosion, Wind und Wasser sowie Schnee haben in Millionen von Jahren ihre Spuren im Südwesten der USA hinterlassen und Magisches gezaubert.

Besonders die mannigfaltigen Steinbögen prägen die Landschaft. Der Delicate Arch im Arches National Park gilt mittlerweile als eines der Symbole Utahs. Die Ursprünge dieser Gesteinsbögen liegen vor rund 150 bis 300 Millionen Jahren, als Meere weite Teile der heutigen USA bedeckten und sich in Lagunen große Salzablagerungen bildeten. Solche Überschwemmungen und Abtrennungen wiederholten sich viele Male, sodass sich das Salz mutmaßlich mehrere Hundert oder gar Tausende Meter auftürmte. Später lagerte sich Sand ab und schuf eine Wüste. Über die Jahre wurde das Salz ausgewaschen, sodass der Sandstein zerbrach und eigenwillige, fotogene Formationen entstanden.

Während die Gesteinsbögen aus Sandstein bestehen, sind die vor allem im Bryce Canyon vorkommenden Hoodoos aus Kalkstein bis heute erhalten gebliebene versteinerte Sedimente der Wassermassen, die einst Utah bedeckten. Die Felsnadeln werden zwischen 1,5 und 45 Meter hoch, während ihr Umfang vom Boden bis zur Spitze mal größer, mal kleiner wird. Zuweilen erinnern sie an Totempfähle. Modelliert werden sowohl Hoodoos als auch sogenannte Windows (geschlossener Fels mit einem Durchlass) in erster Linie in frostigen Nächten, wenn Wasser gefriert und den Stein zerbrechen lässt oder vorhandene Spalten vergrößert. Die fortwährende Erosion verstärkt den Effekt weiter und verändert die Szenerie im Bryce Canyon, der weltweit größten Ansammlung dieser geologischen Formation, kontinuierlich.

Neben Felsen unterschiedlichster Formationen ist der Südwesten der USA überdies für sogenannte Slot Canyons bekannt,

Take The Hoodoo Route im Bryce Canyon National Park

beispielsweise die Narrows im Zion National Park. In Deutschland als Klamm bezeichnet, entstanden die Slot Canyons durch reißende Wassermassen in schmalen Tälern. Heftige Gewitter und Regenschauer spülen Sand und Staub durch sonst trockene Flussbetten und waschen diese. Der poröse und durchlässige Sandstein im Südwesten der USA verstärkt diesen Effekt. Diese „Laune der Natur" hat Schluchten entstehen lassen, die im Extremfall gerade einmal fünf Meter breit, aber bis zu 300 Meter hoch sind. Gefährlich wird es indes, wenn sich Sturzfluten (sogenannte Flash Floods) in die Schluchten ergießen. Daher werden bei drohenden Starkregen die Slot Canyons oftmals gesperrt, nachdem in der Vergangenheit schon mehrfach Menschen zu Schaden kamen.

Für viele Besucher eher überraschend, lässt sich in Utah auch eine an die Sahara erinnernde Wüste erkunden – gerade einmal 90 Minuten vom Bryce Canyon und sogar nur eine Stunde vom Zion National Park entfernt. In den Coral Pink Sand Dunes, 30 Kilometer von Kanab entfernt, türmt sich der Sand des Navajo-Sandsteins auf. Auf dem ganzen Colorado Plateau erinnert nur hier die Land-

Sonnenuntergang in den Bonneville Salt Flats

Wüsten-Feeling im Coral Pink Sand Dunes State Park

schaft an große Sandwüsten und bildet so einen starken Kontrast zum übrigen Utah. Die Dünen formierten sich vor rund 10.000 bis 15.000 Jahren und wandern pro Jahr um rund 15 Meter. Der Coral Pink Sand Dunes State Park liegt in einer Kerbe zwischen den Moquith und Moccasin Mountains. Durch diese Lage frischt der Wind dermaßen stark auf, dass er Sandkörner aus dem erodierenden Navajo-Sandstein mitreißt und später im Tal ablagert. Bekannt ist dieses Phänomen als Venturi-Effekt.

Im Norden Utahs wiederum entstand gegen Ende der letzten Eiszeit die Great Salt Lake Desert, als der prähistorische See Lake Bonneville weitgehend austrocknete – der Great Salt Lake ist sein Überbleibsel. In der Wüste selbst findet sich nur ein kleiner Ort. Bekannt ist die Region jedoch auch für den Bonneville Salt Flats State Park, in dem dank der weiten Ebene oftmals Geschwindigkeitsrekorde für Fahrzeuge unternommen werden – die Bonneville Speed Week.

6. The Mighty 5® – Majestätisches Utah

Traumroute zu Utahs fünf Nationalparks

In Utah schlägt das Herz von Outdoor-Enthusiasten, Naturfreunden und Fotografen höher. Gleich fünf Nationalparks schützen die einzigartige Natur: Arches, Canyonlands, Capitol Reef, Bryce Canyon und Zion. Bekannt sind die fantastischen Fünf angesichts ihrer gewaltigen Landschaft auch als „The Mighty5®". Hinzu kommt: Alle fünf Nationalparks, sechs beliebte State Parks, darunter Dead Horse Point und Kodachrome Basin, sowie das Monument Valley lassen sich durchaus binnen nur einer Woche besuchen. Vollkommen zu Recht hat das Utah Office of Tourism diese Strecke als „The Best Week of Your Life" geadelt, auf deren Route überdies noch zwei National Forests und fünf ausgewiesene Scenic Byways liegen.

Ausgangs- und Zielort für die 1275 Meilen (rund 2050 Kilometer) lange Panoramastraße ist Utahs Hauptstadt Salt Lake City. Der erste Stop führt für zwei Nächte nach Moab als Gateway in den Arches National Park. Insbesondere die Wanderung zum Delicate Arch und die Scenic Route durch den Park sollte niemand verpassen. Am nächsten Tag stehen dann der Canyonlands National Park mit Mesa Arch und dem Grand View Point sowie der Dead Horse Point State Park auf dem Besuchsprogramm. An Tag 3 lockt eine der bekanntesten Landschaften des Südwestens: das Monument Valley an der Grenze zwischen Utah und Arizona. Nach einer Tour durch den Monument Valley Navajo Tribal Park (auf eigene Faust mit gemieteten Geländewagen oder auf einem organisierten Ausflug mit Geländewagen) erwartet den Reisenden eine Übernachtung mit Traumblick: Sowohl vom Campingplatz als auch vom Hotel Goulding's Lodge fällt der Blick direkt auf die bizarr geformten Tafelberge, an denen schon zahlreiche Kinofilme gedreht wurden.

Zur Halbzeit der „schönsten Woche im Leben" steht an Tag 4 die Weiterreise zum Capitol Reef National Park an, unterbrochen noch von einem Fotostopp am Natural Bridges National Monument. Gerade wer an Wanderungen interessiert oder mit einem Geländewagen unterwegs ist, kommt auf diesem Abschnitt auf seine Kosten, bevor Torrey als Tagesziel erreicht wird. Die nächste Etappe führt

Info

1. Unbedingt beim Besuch der Nationalparks die jährlichen „National Park Service Fee Free Days" mit kostenlosem Eintritt berücksichtigen. Infos: nps.gov

2. Auf der offiziellen Website des National Park Service gibt es auch PDF-Maps von Utahs 5 Nationalparks sowie einigen State Parks und National Monuments zum Download.

Arches, Brücken, Hoodoos, Felsen: Naturwunder Utahs Nationalparks – The Mighty 5®

	Entfernung	Strecke
Tag 1	230 Meilen	Von Salt Lake City nach Moab
Tag 2	100 Meilen	Rund um Moab
Tag 3	230 Meilen	Von Moab zum Monument Valley
Tag 4	200 Meilen	Vom Monument Valley nach Torrey
Tag 5	115 Meilen	Von Torrey zum Bryce Canyon National Park
Tag 6	90 Meilen	Vom Bryce Canyon zum Zion National Park
Tag 7	310 Meilen	Vom Zion National Park nach Salt Lake City

via All-American Road Scenic Byway mit Grand Staircase-Escalante National Monument, Kodachrome Basin State Park und Escalante Petrified Forest State Park zum Bryce Canyon. Hier sollte die Zeit in jedem Fall reichen, den Sternenhimmel über den Felsnadeln zu bestaunen. Tag 6 könnte mit einer Fotosession zum Sonnenaufgang und einer Wanderung zum Queens Garden beginnen. Anschließend geht es weiter zum nur 90 Meilen entfernten Zion National Park. Noch am Nachmittag oder spätestens am nächsten Morgen locken auch hier zahlreiche Trails. Vom Observation Point beispielsweise eröffnet sich ein unvergesslicher Blick über den Park. Tag 7 endet schließlich mit der rund fünfstündigen Fahrt (310 Meilen) zurück nach Salt Lake City.

Wer mehr Zeit mitbringt, kann die zahlreichen Attraktionen entlang der Strecke intensiver erkunden und länger genießen – entsprechend der zehntägigen Routenempfehlung „The Mighty5®: Ultimate Journey" vom Utah Office of Tourism. Oder verlängert die Reise beispielsweise um einen Abstecher in den Norden Utahs. Als Alternative zur Streckenempfehlung „The Best Week of Your Life" bietet sich auch die siebentägige Tour „Iconic Classics" an, die neben den fünf Nationalparks auch den Lake Powell beinhaltet.

Kodachrome Basin State Park

Info

Lage: Die Route führt von Salt Lake City bis zur Grenze nach Arizona im Süden sowie Colorado im Osten bzw. Nevada im Westen.

Anfahrt: Die nächsten internationalen Flughäfen sind die Hauptstadt Salt Lake City (SLC) sowie Las Vegas (LAS) im angrenzenden Bundesstaat Nevada. Wer Denver (DEN) anfliegt, kann eine Reise nach Utah gleich mit den Rocky Mountains in Colorado kombinieren. Von allen drei Flughäfen jeweils weiter mit Mietwagen oder Wohnmobil.

Öffnungszeiten: Die Nationalparks sowie das Monument Valley und die State Parks sind im Regelfall ganzjährig zugänglich. Die jeweiligen Besucherzentren sind hingegen an bedeutenden Feiertagen wie Thanksgiving und Christmas geschlossen.

Hinweis: Wer alle fünf Nationalparks besucht, sollte sich beim ersten Besuch den sogenannten Nationalpark-Pass „America the Beautiful" für einmalig 80 USD und gültig für alle Nationalparks der USA zulegen. Schon bei drei Nationalparks zahlt sich diese Investition aus. Hinweis: Der Pass gilt nicht im Monument Valley und nicht in State Parks, aber immerhin an den National Monuments.

7. Arches National Park: Weltschönster Steinbogen?

Pünktlich zum Sonnenuntergang beginnt allabendlich ein Farbenspektakel, wie es sich kein Künstler hätte besser ausdenken können: Wenn die Sonne im Westen langsam untergeht, erstrahlt der Delicate Arch im schönsten rötlichen Licht, während im Hintergrund die schneebedeckten La Sal Montains den passenden Kontrast bilden. Ein atemberaubendes Panorama, das mittlerweile jeden Abend Dutzende, wenn nicht sogar Hunderte Zuschauer anlockt. Der rund 14 Meter hohe Steinbogen ist die Hauptattraktion des Arches National Park. Mehr als 2000 Steinbögen sowie ungezählte weitere Sandsteinformationen machen den Nationalpark zu einem der beliebtesten Schutzgebiete Utahs.

Ein Meisterwerk der Natur und universeller Kräfte: der Double O Arch

Kontrastreiches Farbspiel: Delicate Arch im Winter

Im Gegensatz zu anderen Steinbögen innerhalb des Nationalparks liegt der Delicate Arch indes nicht nah zur Panoramastraße, die quer durch den Park führt, sondern ist nur über eine 4,8 Kilometer lange und etwa zwei bis drei Stunden dauernde Wanderung zu erreichen. Der Weg zieht sich dabei über einen Anstieg mit einem Höhenunterschied von 146 Metern über den nackten Fels. Je nach Fitness benötigen Wanderer hierfür zwischen 45 und 60 Minuten und sollten mindestens zwei Liter Wasser mit sich führen. Doch der Ausblick über das kleine Plateau mit dem Felsbogen und dem dahinterliegenden Bergpanorama entschädigt für die Mühen beim beschwerlichen Aufstieg.

Viele weitere Attraktionen sind hingegen bequem über die als Arches Scenic Drive bekannte, knapp 30 Kilometer lange Stichstraße erreichbar: Selbst wer nur ein bis zwei Stunden Zeit für einen Besuch im Nationalpark hat, kann an der Windows Section mehrere bekannte Steinbögen bewundern. Nur wenige Gehminuten vom Parkplatz entfernt liegt der berühmte Double Arch, ebenfalls nicht weit entfernt ist die Window Section mit den beliebten Felsformationen North and South Window sowie Turret Arch. Auf der Rück-

3500 Tonnen und 17 Meter hoch – trotzdem im Gleichgewicht: der Balanced Rock

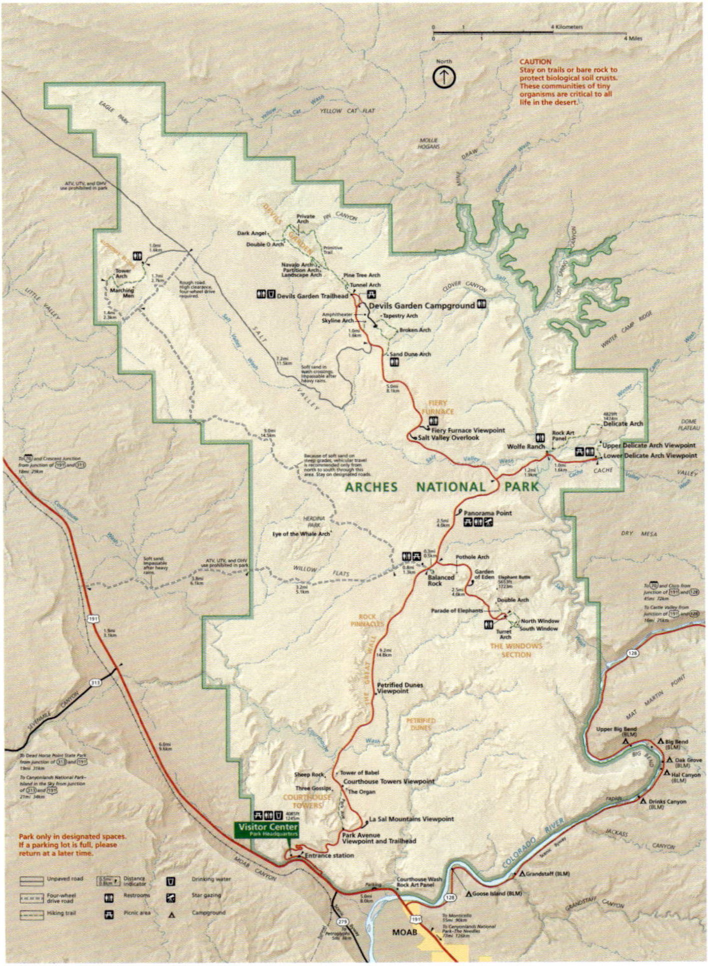

fahrt wartet nah an der Kreuzung zur Stichstraße mit dem Balanced Rock eine weitere faszinierende Felsformation. Entlang der Straße verführen viele weitere Aussichtspunkte zu kurzen Spaziergängen und zum Fotografieren – beispielsweise am Sand Dune Arch und am Park Avenue Viewpoint.

Für Besucher, die noch immer nicht überwältigt sind von den einzigartigen Eindrücken, lohnt eine Wanderung durch den sogenannten Devils Garden – ein Areal mit den meisten Steinbögen im Park. Die Wanderung bis zum bekannten Double O Arch mit zwei übereinanderliegenden Steinbögen führt über 6,8 Kilometer in rund drei bis vier Stunden durch teils raues Gelände, in dem auf einzelnen Sektionen auch Kletterfähigkeiten gefordert sind. Wer diese Mühen scheut, sollte zumindest den Landscape Arch ansteuern – mit einer Länge von 93 Metern einer der längsten Steinbögen weltweit. Dieser erste Abschnitt des Devils Garden Trail läuft sich vergleichsweise leicht ohne nennenswerte Steigungen (2,6 Kilometer hin und zurück, etwa eine Stunde).

Die faszinierende Landschaft des 1971 gegründete Arches National Park entstand in den vergangenen 300 Millionen Jahren durch

The Windows im Arches National Park

tektonische Verschiebungen, in denen mehrfach Meere das Areal bedeckten, sich Salz auf Sandstein ablagerte und schließlich erodierte. Gelegen auf einer Höhe von rund 1500 Metern steigen die Temperaturen oft auf 40 Grad Celsius und liegen im Winter meist knapp über dem Gefrierpunkt.

Info

Lage: Am Highway US 191, Moab, UT 84532; GPS: 38.683330, -109.566670

Anfahrt: Der Arches National Park liegt rund vier Kilometer nördlich von Moab. Nach Salt Lake City beträgt die Fahrtzeit knapp vier Stunden, nach Denver rund 5,5 Stunden.

Öffnungszeiten: Der Park ist ganzjährig geöffnet. Hauptreisezeit ist zwischen März und Oktober. Das Besucherzentrum ist im Regelfall täglich von 9 bis 16 Uhr geöffnet (ausgenommen Christmas Day). Wer den Besuchermassen und vor allem Staus am Parkeingang entgehen möchte, fährt schon vor 8 Uhr morgens oder erst nach 15 Uhr in den Park.

Eintritt: 30 USD pro Fahrzeug bzw. 15 USD pro Person (wenn diese zu Fuß oder per Fahrrad den Park betreten). Alternativ gilt der Nationalpark-Pass „America the Beautiful".

Aktivitäten: Die Ranger bieten ein umfangreiches Programm an, unter anderem geführte Wanderungen zu den Felsblöcken Fiery Furnace. Lokale Veranstalter offerieren beispielsweise organisierte Jeepfahrten. Felsklettern ist ebenso möglich. Der Park gilt überdies als idealer Ort, um den nächtlichen Himmel samt Milchstraße zu beobachten und zu fotografieren – individuell oder auf geführten Touren mit einem Ranger.

Unterkünfte:

- Der Devils Garden Campground zählt zu den schönsten Campingplätzen in den ganzen USA. Reservierungen nur in den Monaten März bis Oktober möglich, 25 USD pro Nacht und Stellplatz, gov/arch/planyourvisit/camping.htm
- Im nahen Moab (siehe Seite 118) finden sich Hotels und Motels jeder Preisklasse sowie weitere Campingplätze

Website: nps.gov/arch

8. Bryce Canyon National Park: Farbenfrohes Kunstwerk der Natur

Wind und Wasser sowie Eis und Erosion haben im Südwesten Utahs ein einzigartiges Kunstwerk geschaffen: Ungezählte Felstürmchen reihen sich aneinander. Teils skurril, teil bizarr sind die sogenannten Hoodoos geformt, die gerade in den frühen und späten Stunden im Licht der Sonne gleichsam intensiv strahlen – ein Farbenspiel in gefühlt einhundert verschiedenen faszinierenden Rottönen, das dem Bryce Canyon National Park ein besonderes Antlitz verleiht.

Mit seinen Aussichtspunkten und Wanderwegen sowie den Farbspielen und natürlich geschaffenen Kunstwerken aus Kalkstein gilt

Herbst im Bryce Canyon National Park

Frischer Wintermorgen hoch über den Hoodoos

der Nationalpark vielen Besuchern als schöner und imposanter als der berühmte Grand Canyon im benachbarten Arizona. Mehr als zwei Millionen Reisende lassen sich jedes Jahr von den Hoodoos verzaubern. Der Name Canyon ist dabei durchaus irreführend: Denn in Wirklichkeit empfängt hier ein weiter, halbkreisförmiger Felskessel die Besucher, bekannt auch als natürliches Amphitheater. Der Nationalpark zieht sich am östlichen Rand des Paunsaugunt Plateau, das hier mehrere Hundert Meter tief abfällt, entlang – daher gleicht die Landschaft durchaus einem Canyon. Der 1928 gegründete Park befindet sich auf einer Höhe zwischen 2400 und 2700 Metern und liegt damit deutlich höher als beispielsweise der nahe gelegene Zion National Park oder der Grand Canyon. Daher wird es im Sommer nicht ganz so heiß, aber im Winter auch deutlich kälter. Sogar noch im Juni und bereits wieder Ende September ist mit Bodenfrost zu rechnen.

Am besten lässt sich der Bryce Canyon, der nur ein Drittel so viele Besucher anlockt wie der Grand Canyon, zu Fuß erkunden: Schon vom Rim Trail an der Abbruchkante gewinnen Gäste einen guten Eindruck. Der Weg zieht sich insgesamt über rund neun Kilometer (einfache Strecke). Wer nur wenig Zeit mitbringt, spaziert gemütlich und mit vielen Fotostopps in einer Stunde vom Sunset zum Sunrise Point (und zurück). Weitere lohnende Aussichtspunkten entlang der Panoramastraße sind Inspiration Point und Bryce Point, der sich besonders für den Sonnenuntergang eignet und als bester Platz im Jahr 2012 zur partiellen Sonnenfinsternis galt.

Richtig zu Geltung kommen die verwunschen wirkenden Hoodoos aber erst auf einer Wanderung hinab ins Bryce Amphitheater. Hier könnte man sich wie in einem Labyrinth zwischen den teils bis zu 45 Meter hohen Felsnadeln verirren. Als einfachster Hike, der in die Tiefe des Bryce Canyon führt, gilt der Queens Garden Trail, bei dem lediglich ein Höhenunterschied von 98 Metern zu überwinden ist. Über drei Kilometer schlängelt sich der Weg durch die Hoodoos und gibt den Blick immer wieder frei hinab ins Tal wie auch hinauf zum Rand der gewaltigen Felswand. Der Queens Garden Trail lässt sich zudem gut mit Abschnitten anderer Wege kombinieren – beispielsweise mit der sogenannten Wall Street, einer schmalen Stelle zwischen hohen Steilwänden, als Teil des 2,2 Kilometer langen Navajo Trail. Er zählt ebenfalls zu den beliebtesten Wanderwegen im Park,

Eine Augenweide im Bryce Amphitheater

auch wenn hier schon ein Höhenunterschied von 167 Metern überwunden werden muss. Tipp: Gerade weniger geübte Wanderer sollten am Sunrise Point mit dem Queens Garden Trail starten, wo es steil hinunter geht, und dann über bequemer zu laufenden Serpentinen an der Wall Street gen Rim Trail zurückkehren. Wer sich ausgiebig Zeit lässt, viel fotografiert und wenig trainiert ist, sollte für diesen kombinierten Rundkurs rund drei Stunden einplanen. Zu den längeren und körperlich fordernden Touren zählen beispielsweise der knapp 13 Kilometer lange Faryland Loop, der mit einem Höhenunterschied von 704 Metern an Felsformationen mit so verführerisch klingenden Namen wie China Wall und Tower Bridge vorbeiführt. Als ähnlich anstrengend gilt der Peek-A-Boo Loop Trail (8,9 Kilometer lang bei einem Höhenunterschied von 473 Metern).

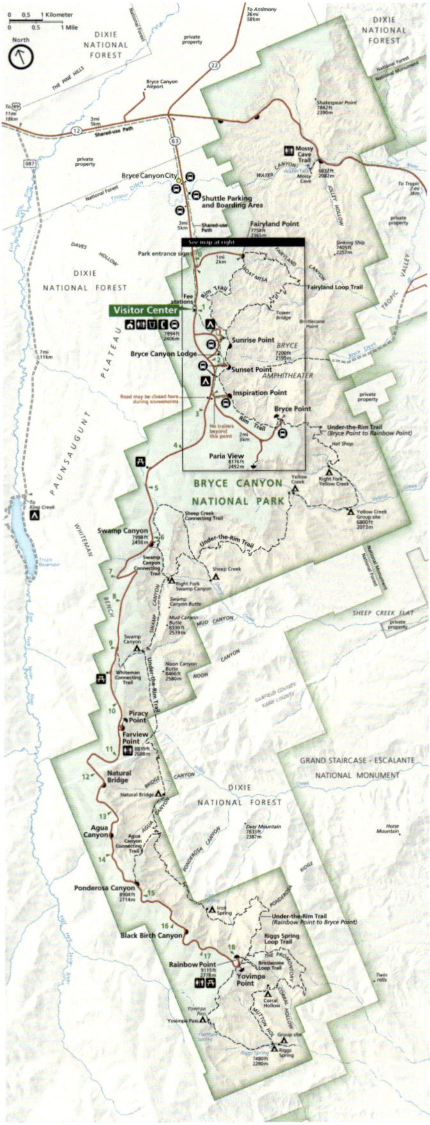

Wandern auf dem Navajo Loop Trail im Bryce Canyon National Park

Info

Lage: Bryce Canyon National Park, UT-63, Bryce, Utah 84764. GPS (Besucherzentrum): 37.640000, -112.170000

Anfahrt: Der Bryce Canyon liegt im Südwesten Utahs. Die nächsten internationalen Flughäfen sind Salt Lake City (SLC) in der Hauptstadt des Bundesstaates sowie Las Vegas (LAS) in Nevada, beide jeweils rund fünf Stunden Fahrtzeit entfernt. Der Zion National Park liegt rund zwei, der Arches National Park rund vier Autostunden entfernt. Im Park fahren in der Hauptreisezeit kostenlose Shuttlebusse, die an den wichtigsten Aussichtspunkten halten und so die Zahl der Autos angesichts der wenigen Parkplätze im Park begrenzen sollen.

Öffnungszeiten: Der Park ist ganzjährig zugänglich. Das Besucherzentrum ist täglich (außer Thanksgiving und Christmas Day) von 8 bis 20 Uhr geöffnet (Oktober und April nur bis 18 Uhr, November bis März nur bis 16:30 Uhr). Die Wintermonate bringen teils viel Schnee und gelten dank vergleichsweise weniger Besucher als attraktive Reisezeit.

Eintritt: 35 USD pro Fahrzeug bzw. 20 USD pro Person (wenn diese zu Fuß oder per Fahrrad den Park betreten). Alternativ gilt der Nationalpark-Pass „America the Beautiful".

Aktivitäten: Die örtlichen Ranger organisieren ein umfangreiches Programm – von geführten Wanderungen (auch bei Vollmond) über Vorträge bis hin zu Schneeschuh-Touren im Winter. Überdies werden auch Reitausflüge in den Nationalpark angeboten, beispielsweise von der Lodge im Park, brycecanyonforever.com/horseback-rides

Unterkünfte:

- Im Nationalpark liegen zwei Campingplätze, die pro Nacht und Stellplatz für Wohnmobile 30 USD bzw. für Zelte 20 USD kosten, nps.gov/brca/planyourvisit/campgrounds.htm
- Übernachtungen in der Lodge im Nationalpark kosten im Sommer rund 230 USD, im Winter 130 USD pro Nacht und Zimmer, brycecanyonforever.com
- Direkt am Eingang zum Park liegt das Hotel Best Western Ruby's Inn samt Restaurant, Campingplatz und Tankstelle, rubysinn.com

Website: nps.gov/brca

9. Canyonlands National Park: Ruhige und spektakuläre Alternative

Was der Delicate Arch für den Arches National Park bedeutet, ist für den nicht weit entfernten Canyonlands National Park der Mesa Arch. Der vergleichsweise flache, rund 25 Meter lange Steinbogen ist das Aushängeschild des größten Nationalparks Utahs – und trotz wachsender Beliebtheit bei Weitem nicht so stark besucht wie sein Pendant. Während zum Sonnenuntergang am Delicate Arch oft Hunderte Reisende regelrecht pilgern, sind es am Mesa Arch im Island in the Sky District zur besten Zeit frühmorgens oft gerade einmal ein Dutzend.

Innehalten und Fernträumen: Needles Overlook im Canyonlands National Park

Denn kein Motiv im dreigeteilten Nationalpark ist so begehrt, wie wenn morgens die ersten Sonnenstrahlen den Felsbogen durchbrechen und der Steinbogen am unteren Rand orange glüht. Bitte beachten: Dieses Schauspiel ist bei Weitem nicht ganzjährig zu erleben. Zudem ist frühes Aufstehen erforderlich, um dieses Foto aufzunehmen – im Mai beispielsweise geht die Sonne bereits gegen 6 Uhr auf, während für die Anfahrt ab Moab rund 50 Minuten einzuplanen sind. Immerhin liegt der Mesa Arch nur wenige Gehminuten (800 Meter) vom Parkplatz entfernt.

Der Island in the Sky District ist der beliebteste Teil des Canyonlands National Park. Der Mesa Arch ist einer der Gründe. Der Aussichts-

punkt Grand View Point Overlook ein weiterer. Vom Aussichtspunkt auf 1850 Meter eröffnet sich ein fantastischer Blick über den Green River, Säulen aus Sandstein sowie Schluchten, Tafelberge und die Sal Mountains – das Ganze am Rand des Canyons, der hier an der Felswand rund 300 Meter steil nach unten fällt.

Vom Aussichtspunkt führt ein sehenswerter, gerade noch gut zu bewältigender Weg über Stufen zu einem zweiten Lookout. Überdies zieht sich mit der White Rim Road eine beliebte, 160 Kilometer lange Offroad-Piste für Jeeps und Mountainbikes durch den Park. Hierfür ist jedoch eine Genehmigung erforderlich.

Islands in the Sky Overlook im Canyonlands National Park

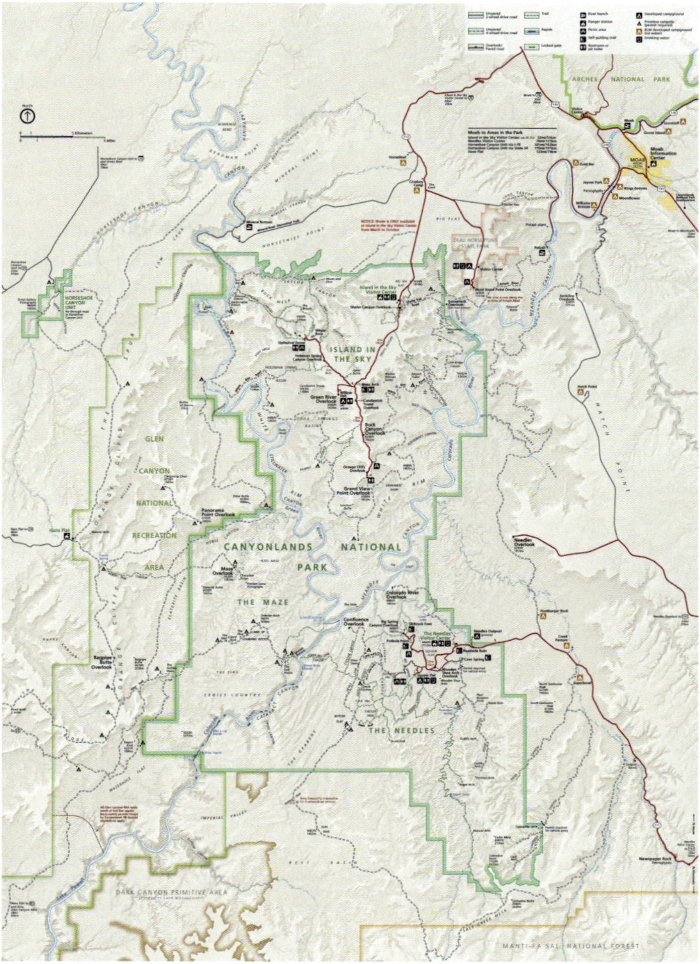

Obwohl schon der Island in the Sky District bei Weitem nicht so viele Besucher anlockt wie andere Nationalparks, gilt das für die anderen beiden Sektionen des Schutzgebiets umso mehr. Der Needles District gilt als klassische Canyon-Landschaft. Rot-weiß gestreifte Felsnadeln, Schluchten und Gesteinsbögen wechseln sich hier ab.

Angel Arch mit Molar Rock

Doch im Gegensatz zum populäreren Park-Abschnitt und zum Arches National Park sind hier die Sehenswürdigkeiten nicht so einfach zu erreichen – meist sind längere Wanderungen nötig. Auch Allrad-Fans kommen auf den zahlreichen, teils schweren und gefürchteten Pisten auf ihre Kosten, beispielsweise auf der kurzen, aber steilen Strecke hoch zum Elephant Rock. Für die Mühen und den Adrenalinrausch entschädigen sowohl die weitgehend einsame Landschaft als auch der Blick hinüber zum steil aufsteigenden Island in the Sky District.

Noch abgelegener ist die Region The Maze. Durch diese Sektion führen keine geteerten Straßen, sodass ein Jeep mit hoher Bodenfreiheit dringend empfohlen wird. Auch der einige Kilometer entfernte Horseshoe Canyon, vom Park komplett getrennt, ist dann erreichbar. Hier lassen sich Felszeichnungen bestaunen, die angeblich zu den schönsten in den gesamten USA zählen.

Die beiden Flüsse – Colorado River und Green River – werden auch als eigene Sektion, genannt Rivers, zusammengefasst. Aus dem Kanu oder Kajak dürfte die Landschaft noch imposanter wirken, wenn man auf dem Wasser zwischen den hohen Felswänden gleitet.

Info

Lage: Im Südwesten der Utahs, 35 Auto-Minuten westlich von Moab; GPS: 38.459772, -109.820538

Anfahrt: Am einfachsten per Auto ab Moab (siehe Seite 118) zu erreichen.

Öffnungszeiten: Der Nationalpark ist ganzjährig zugänglich. Das Besucherzentrum im Island in the Sky District ist täglich (außer Thanksgiving und Christmas Day) von 9 bis 16 Uhr geöffnet (Januar und Februar nur Freitag bis Dienstag). Im Needles District ist das Besucherzentrum von März bis zum Tag vor Thanksgiving täglich von 8 bis 15:30 Uhr offen. Die Hans Flat Ranger Station im Maze District ist an 365 Tagen im Jahr von 8 bis 16:30 Uhr besetzt.

Eintritt: 30 USD pro Fahrzeug, Einzelpersonen zahlen 15 USD pro Person, wenn diese zu Fuß oder per Fahrrad unterwegs sind. Der Nationalpark-Pass „America the Beautiful" wird alternativ auch akzeptiert.

Aktivitäten: Wer die wahre Schönheit genießen will, muss sich weg von den Parkplätzen und Teerstraßen bewegen. Mehr als 25 Trails sind für Wanderer ausgewiesen, Mountainbiker finden ebenfalls zahlreiche Strecken. Auch Reitausflüge und Klettertouren sowie Boots- und Jeep-Fahrten werden angeboten, ebenso geführte Aktivitäten mit den Rangern – beispielsweise zum nächtlichen Sterne-Gucken.

Unterkünfte:

- Im Nationalpark liegen zwei einfache Campingplätze, die je nach Jahreszeit teils auch reserviert werden können, 15 USD für einen Stellplatz auf dem Island in the Sky (Willow Flat) Campground, 20 USD für einen Stellplatz auf dem The Needles (Squaw Flat) Campground. Im Sommer ist eine frühe Ankunft gegen 11 Uhr ratsam, um einen der wenigen Stellplätze zu ergattern, nps.gov/cany/planyourvisit/camping.htm
- In Moab und Monticello können Reisende unter zahlreichen Hotels und Campingplätzen wählen.

Website: nps.gov/cany

10. Capitol Reef National Park: Juwel aus Klippen und Schluchten

Schroffe, leuchtend orange Felsen, die in das tiefe Blau des Himmels von Utah ragen, ziehen jedes Jahr über eine Million Besucher in ihren Bann – und das ist kein Wunder!

Die einzigartig herausragende geologische Struktur ist Namensgeber des seit 1971 als Nationalpark deklarierten Gebiets, das im Herzen des Red Rock Country im Süden Utahs liegt. „Capitol" steht für die White Domes des Navajo-Sandsteins und „Reef" für die steinigen Klippen, die einem Korallenriff unter Wasser ähneln.

Chimney Rock im Capitol Reef National Park

Hickman Bridge im Capitol Reef National Park

Das Herzstück des Parks ist die 150 Kilometer lange Waterpocket Fold: eine geologische Felsformation, die sich in Nord-Süd-Richtung erstreckt. Sie ist durch die Erhebung des Colorado Plateau vor etwa 50 bis 70 Millionen Jahren entstanden und verändert sich durch den stetigen Einfluss der Gezeiten ständig und prägt damit das Landschaftsbild eindrucksvoll.

Der Nationalpark lässt sich in zwei Bereiche unterteilen. Am einfachsten ist das Gebiet rund um den Ort Fruita über die Interstate 70 und die Utah State Route 24 zu erreichen. Dies ist auch der meist frequentierte Teil des 100 Kilometer langen und nur zehn Kilometer breiten Parks. Genau hier haben sich erste Siedler um 1880 niedergelassen und durch geschickte Bewässerung den Boden für erfolgreichen Obstanbau nahe des Fremont River geebnet, was dem Ort den Beinamen „Eden of Wayne County" einbrachte.

Wer sich einen ersten Überblick über den Nationalpark verschaffen möchte, steuert am besten das Besucherzentrum an und folgt dann dem zwölf Kilometer langen Scenic Drive (ca. zwei Stunden). Dieser gewährt entlang der Waterpocket Fold bereits zahlreiche Einblicke in die schroffe Schönheit des Parks.

Das im Norden gelegene und nur über Schotterpisten zu erreichende Cathedral Valley ist aufgrund der abgeschiedenen Lage deutlich weniger besucht. Vor allem etwas abenteuerlustigere Besucher mit dem richtigen fahrbaren Untersatz kommen hier auf der 90 Kilometer langen Hartnet Road auf ihre Kosten. Spektakuläre Felsformationen wie Temple of the Moon und Temple of the Sun ragen bis zu 100 Meter senkrecht aus der Erde hervor und lassen aufgrund der geringen Besucherdichte das Gefühl aufkommen, allein auf einem anderen Planeten zu sein.

Wer den Nationalpark gerne zu Fuß erkunden möchte, für den empfiehlt sich der etwa fünf Kilometer lange Rundwanderweg des Chimney Rock. Direkt an der Utah State Route 24 befindet sich der Trailhead, der durch die eindrucksvolle Landschaft führt. Der Pfad verläuft zur Spitze der Mummy Cliffs. Der schnell zu erreichende Aussichtspunkt bietet einen fantastischen Blick auf die leuchtend orangerote Landschaft und den imposanten Felsmonolithen, der hier senkrecht und stolz aus der Erde ragt. Besonders zum Sonnenuntergang taucht das Abendlicht die Felsformation in atemberaubende Farben.

Temples of the Sun and Moon im Capitol Reef National Park

Wer nicht den kompletten Rundweg auf sich nehmen möchte, genießt einfach vom Fuße des Chimney Rock die Aussicht auf das umliegende Bergpanorama. Für sportlich ambitionierte Besucher bietet sich am Ostende des Chimney Rock Canyon die Möglichkeit,

Mystisch: Goosenecks Overlook

in den Spring Canyon hinabzusteigen.

Fast direkt an der Straße liegend führt eine unasphaltierte Straße, die mit üblichen Pkw befahren werden kann, zum ausgeschilderten Panorama Point und weiter zum spektakulären Goosenecks Overlook. Nach ein paar Metern zu Fuß ragen die Felswände fast 250 Meter in die Tiefe, und der Blick endet auf dem eindrucksvollen Sulphur Creek, der sich durch den Fels windet.

Info

Lage: Der Park liegt im zentralen Süden Utahs; GPS Fruita Visitor Center: 38.2913688 -111.2623922

Öffnungszeiten: Der Park sowie Campingplätze sind 365 Tage geöffnet. Das Besucherzentrum in Fruita hat täglich geöffnet (bis auf ausgewählte Feiertage) von 8 bis 16:30 Uhr, im Herbst zuweilen mit längeren Öffnungszeiten. Gifford House Store and Museum: 14. März bis 1. Oktober jeweils von 8 bis 16:30 Uhr, im Herbst mit längeren Öffnungszeiten. Ripple Rock Nature Center (für Kinder jeden Alters): Memorial Day bis Labor Day.

Eintritt: 20 USD pro Fahrzeug, Einzelpersonen zahlen 10 USD, Motorrad-Fahrer 15 USD pro Maschine. Der Nationalpark-Pass „America the Beautiful" wird alternativ auch akzeptiert.

Aktivitäten: Der Capitol Reef National Park bietet eine Fülle an Outdoor-Erlebnissen sowohl für Tagesausflügler als auch einen mehrtägigen Aufenthalt. Die Liste der beliebtesten Orte wird angeführt vom Cathedral Valley District, Waterpocket District und Historic Fruita District sowie der Petroglyphen-Walkway mit einzigartigen Felsmalerein. Täglich um 10 Uhr (30 Minuten) führen die Ranger in die Geologie des Parks ein – Treff ist am Besucherinformationszentrum. Darüber hinaus gibt es saisonal viele weitere thematische, geführte Ranger-Programme. Neben dem Wandern zu Highlights im Park, wie z. B. zur Hickman Bridge, sind auch Touren mit Fahrzeug/Motorrad/Bike auf gekennzeichnetem Scenic Drives und Trails möglich. Darüber hinaus bietet sich Canyoneering an. Seit dem 1. Januar 2020 ist für die Sportart eine Genehmigung erforderlich. Für eintägige Touren kann diese in Person im Besucherinformationszentrum eingeholt werden bzw. im voraus per E-Mail an care_permits@nps.gov. Weitere Infos (u. a. auch für mehrtägiges Canyoneering) gibt es auf der Website vom National Park Service. Für Familien lohnt sich ein Abstecher in das Ripple Rock Nature Center mit vielseitigem Angebot für Kinder (ab 3 Jahren). Hier können Kinder auch am Junior Ranger Programm teilnehmen und bei erfolgreichem Absolvieren von verschiedenen Aufgaben ein Zertifikat sowie Badge erhalten. Vor jedem Besuch bitte im Informationszentrum oder im direkten Gespräch mit Rangern nach aktuellen Straßenverhältnissen, Sperrungen, Flash Floods etc. erkundigen.

Unterkünfte:
In Fruita gibt es einen Campingplatz, pro Stellplatz und Nacht fallen 20 USD an. Reservierungen möglich ab sechs Monate im voraus vom 1. März bis 31. Oktober. Es empfiehlt sich, die Hochsaison und demzufolge eingeschränkte Vakanzen zwischen April und Oktober in der Reiseplanung zu berücksichtigen. Für den Zeitraum vom 1. November bis 28. Februar gilt „First come, first served". Am Besucherzentrum sind auch Genehmigungen für Backpacking-Camping im Nationalpark außerhalb offizieller Campingplätze erhältlich.
Im nahen Torrey (ca. 20 Minuten) finden sich Unterkunftsmöglichkeiten sowie entlang der Utah State Route 24 (z. B. Capitol Reef Resort mit klassischen Zimmern, Tipis und Siedlerwagen.)

Website: nps.gov/care

11. Zion National Park: Utahs erster Nationalpark

Die ersten Siedler in der Region erkannten den Wert der einzigartigen Landschaft schnell und gaben ihr den passenden Namen: Das hebräische Wort „Zion" bedeutet „Heiligtum" – und als eben solches lässt sich der Zion National Park mit seinen schmalen, aber hohen Tälern und Canyons wahrlich bezeichnen.

Eines unterscheidet den 1919 zum ersten Nationalpark ausgewiesenen Zion National Park vom Grand Canyon wie auch vom Bryce Canyon: Hier schauen Besucher überwiegend nach oben und bestaunen die einzigartigen Felsformationen, während man in den beiden anderen Schutzgebieten nach unten hinein ins Tal sieht. Der Park ist mittlerweile so beliebt, dass Reisende ihr eigenes Auto vor dem Parkeingang abstellen und in die kostenlosen Shuttlebusse umsteigen müssen.

Aufstieg Angels Landing im Zion National Park

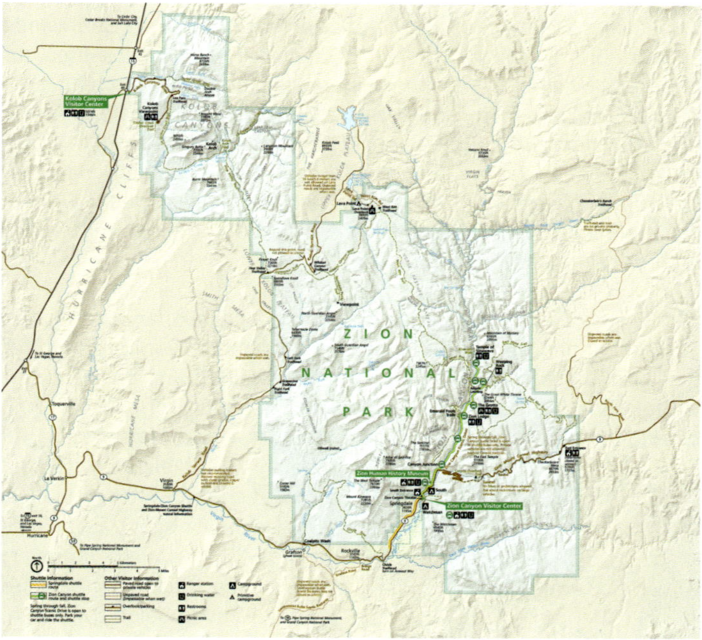

Um die Schönheit der vor rund 170 Millionen Jahren entstandenen Canyons zu erkunden, muss man sich indes weg von den Haltepunkten bewegen. Der Zion National Park ist ein Eldorado für Wanderer, die unter mehr als 15 markierten Wegen wählen können. Zu den schönsten zählt der Canyon Overlook Trail, der zu einem Aussichtspunkt mit Panoramablick auf die Canyons führt. Angesichts des steilen Anstiegs bei doch nur 50 Metern Höhenunterschied sind für die zwei Kilometer (hin und zurück) gleichwohl etwa ein bis 1,5 Stunden einzuplanen. Damit zählt der Canyon Overlook Trail trotz des beschwerlichen Weges noch immer zu den moderaten Trails im Park und ist individuell mit eigenem Auto (nicht per Shuttlebus) erreichbar.

Der Weg zum Aussichtspunkt kann eine gute letzte Trainingseinheit für die Wanderung zur bekanntesten Stelle im Park sein: den sogenannten Narrows. Hier verengt sich das Tal so stark, dass es an der schmalsten Stelle nur sechs Meter breit ist, während die Steilwände zuweilen 300 Meter hoch ragen. Doch dieses Schauspiel sollten nur erfahrene Wanderer angehen: Einerseits sind dafür durchaus acht Stunden einzuplanen, andererseits führt der 15 Kilometer lange Trip (hin und zurück) zu etwa 60 Prozent quer durch den Virgin River. Je nach Wasserstand müssen einzelne Passagen sogar geschwommen werden! Trekkingsandalen und Wanderstöcke werden dringend empfohlen. Selbst erfahrene Wanderer haben teils schon mehrere Anläufe für die Tour benötigt.

Nicht quer durchs Wasser, aber ebenso spektakulär hinauf über 22 Serpentinen führt die Wanderung zu Angels Landing. Doch für den letzten steilen Anstieg zum Aussichtspunkt müssen Wanderer trittfest und frei von Höhenangst sein. Zuweilen verläuft der Trail direkt am Felsrand, gerade das letzte Stück ist besonders steil und schmal, wenngleich einige Passagen auch mit Ketten gesichert sind. Doch wer sich traut, dürfte für die Mühen mit einem unvergleichlichen Blick über den gesamten Canyon belohnt werden. Rund neun Kilometer (hin und zurück) und ein Höhenunterschied von etwa 450 Metern sind zu bewältigen, entsprechend mindestens vier Stunden einzuplanen.

The Narrows im Zion National Park

Besucher, die es gemütlicher angehen möchten, weichen beispielsweise auf den Riverside Walk aus, der zumindest vom Eingang der Schlucht einen Blick auf die Narrows gewährt. Lohnenswert ist auch der einstündige Lower Emerald Pool Trail zu den gleichnamigen Pools und Wasserfällen.

Info

Lage: Der Park liegt im Südwesten Utahs; GPS: 37.320774, -113.0048476

Anfahrt: Der nächste internationale Flughafen ist in Las Vegas in Nevada, rund vier Stunden entfernt. Nach Salt Lake City sind es etwa 4,5 Stunden Fahrt, zum Bryce Canyon 90 Minuten. Der zentrale Bereich des Parks ist am besten von Springdale aus zu erreichen, während sich die State Route 9 quer durch das Schutzgebiet schlängelt und weiter bis nach Kanab führt.

Öffnungszeiten: Der Park ist 365 Tage zugänglich, wegen Steinschlags sind zuweilen einzelne Teile aber gesperrt. Das Besucherzentrum am Zion Canyon ist täglich von 8 bis 17 Uhr geöffnet, das Besucherzentrum im seit 1937 zum Park zugehörigen Kolob Canyon täglich von 8 bis 16:30 Uhr. Die kostenlosen Shuttlebusse im zentralen Canyon fahren von März bis Ende November, in dieser Zeit sind private Autos nicht zugelassen (Gäste der Zion Lodge ausgenommen). Die anderen Sektionen sind ganzjährig mit dem Auto zu erreichen.

Eintritt: Pro Auto 35 USD, pro Person 20 USD (Wanderer, Fahrradfahrer), jeweils gültig für eine Woche. Der landesweite Nationalpark-Pass „America The Beautiful" gilt alternativ.

Aktivitäten: Der Zion National Park ist in erster Linie für Wanderungen bekannt, aber auch Reiten, Fahrradfahren und Klettern ist möglich. Wie in den meisten Nationalparks bieten auch die Ranger verschiedene Aktivitäten an. Auch Paddeltouren durch die Narrows sind möglich, aber nur erfahrenen Kanuten empfohlen.

Unterkünfte:

- Im Park stehen drei Campingplätze zur Auswahl, die teils reserviert werden können respektive ganzjährig geöffnet sind, nps.gov/zion/planyourvisit/campgrounds-in-zion.htm
- Ebenfalls im Park liegt die Zion Lodge, die Zimmer und Cabins ab 170 USD pro Nacht anbietet, zionlodge.com
- Im Ort Springdale direkt am Parkeingang besteht eine große Auswahl an Hotels und Unterkünften. Preiswerter wird es, wer weiter entfernt eine Unterkunft wählt, beispielsweise in Hurricane, St. George, Ivins oder La Verkin.

Website: nps.gov/zion

12. State Parks und National Monuments – Übersicht

Ob eine erholsame Wanderung in unberührter Natur, eine rasante Fahrt mit dem Motorboot durch türkisblaues Wasser, ein staubiges Rennen mit dem Quad durch tiefen Wüstensand, eine schwindelerregende Abfahrt mit dem Mountainbike oder eine fesselnde Spurensuche urzeitlicher Fossilien: Utahs State Parks und National Monuments bieten für wirklich jeden Geschmack die beste Freizeitunterhaltung.

Natural Bridges National Monument

Weit über die Landes- und Staatsgrenzen hinaus ist Utah für seine bizarren Naturwunder bekannt. Die „The Mighty 5®" – die fünf Nationalparks des 13. größten US-Bundesstaates – ziehen jährlich fast zehn Millionen Besucher an. Erfahrene USA-Reisende wissen, auch abseits der berühmten Parks gibt es vielfältige Naturschönheiten zu entdecken. Bei den 44 State Parks und neun National Monuments in Utah von der „zweiten Garde" zu sprechen, würde der Vielfalt und Einzigartigkeit der Areale allerdings nicht ansatzweise gerecht werden. Denn auch wenn sie in puncto Kultstatus nicht mit den Nationalparks konkurrieren können, beheimaten sie teilweise doch ikonische Sehenswürdigkeiten. Der Bekanntheitsgrad ist allerdings von Park zu Park stark unterschiedlich ausgeprägt. Mit rund 800.000 Besuchern im Jahr erfreut sich der Dead Horse Point State Park in unmittelbarer Nähe zum Canyonlands National Park großer Beliebtheit. Und während der besucherstärkste State Park Millionen von Fernsehzuschauern bekannt ist, da im Roadmovie „Thelma & Louise" Susan Sarandon und Geena Davis nach einer aussichtslosen Verfolgungsjagd über die Klippen rasen, sind schon die Plätze zwei und drei – Sand Hollow und Jordanelle Reservoir – in der Besuchergunst kaum einem europäischen Reisenden ein Begriff. Mit gerade einmal gut 1000 Besuchern im Jahr 2018 ist der Piute State Park das am wenigsten frequentierte Schutzgebiet unter Verwaltung des Bundesstaates.

1957 wurde das historisch bedeutsame Territorial Statehouse in Filmore als erstes Gebiet unter den Schutz des Bundesstaates Utah gestellt. Bis heute sind 42 weitere, teils ökologisch, teils historisch bedeutsame Schutzzonen hinzugekommen. Alle einheitlich betrieben und verwaltet von Utahs State-Park-Behörde. Administrativ nicht ganz so einheitlich zeigt sich das Bild der National Monuments. Zwar steht die Mehrheit unter der Verwaltung der Nationalparkbehörde. Der sogenannte National Park Service ist ausschließlich dem Schutz und Erhalt historisch und ökologisch bedeutsamer Flächen verpflichtet. Einige Parks, wie auch das erst 2019 eingerichtete Jurassic National Monument, werden vom Bureau of Land Management oder dem US Forest Service betrieben.

Auch das mit über 600.000 Besuchern jährlich meistbesuchte National Monument Utahs wird von der Nationalparkbehörde verwaltet: Am Cedar Breaks National Monument, gelegen nahe der Ortschaft Cedar City im Südwesten Utahs, können Reisende auf über 3000 Meter Höhe ein stark dem Bryce Canyon National Park ähnelndes geologisches Wunderland aus hohen Steinnadeln und tiefen Einkerbungen entlang einer eindrucksvollen Steilwand bestaunen. Alle Aussichtspunkte lassen sich im Park ohne oder nur mit einer kurzen Wanderung erreichen. Das Cedar Breaks ist so ideal für Besucher auf der Durchreise oder Entdecker, die die phänomenale Natur ohne sportliche Betätigung erleben wollen.

Bereits im Jahr 1908 wurden die drei gigantischen Steinbrücken des fortan als National Bridges National Monument bekannten Gebiets im San Juan County unter den Schutz der Nationalparkbehörde gestellt. Auf vielen Wanderwegen für alle Schwierigkeitsgrade können Besucher hier die eindrucksvolle Kraft des Wassers bestaunen, das in Jahrtausende langer Arbeit neben den drei Steinbrücken wunderschöne tiefe Täler in den Sandstein gewaschen hat. Sipapu, was in der Sprache der Hopi-Indianer „symbolisches Tor" bedeutet, ist der größte der imposanten Steinbögen und misst eine Spannweite von 78 Metern.

LISTE DER NATIONAL MONUMENTS

- Cedar Breaks, nps.gov/cebr
- Dinosaur, nps.gov/dino
- Hovenweep, nps.gov/hove
- National Bridges, nps.gov/nabr
- Rainbow Bridge, nps.gov/rabr
- Timpanogos Cave, nps.gov/tica
- Bears Ears (BLM, FS), blm.gov/visit/bears-ears-national-monument
- Grand Staircase Escalante (BLM), blm.gov/programs/national-conservation-lands/utah/grand-staircase-escalante-national-monument
- Cleveland-Llyod Dinosaur Quarry im Jurassic (BLM), blm.gov/national-conservation-lands/utah/jurassic-national-monument

Cedar Breaks National Monument

LISTE DER STATE PARKS (stateparks.utah.gov/)

- Anasazi
- Antelope Island
- Bear Lake
- Camp Floyd
- Coral Pink Sand Dunes
- Dead Horse Point
- Deer Creek
- East Canyon
- Echo
- Edge of the Cedars Museum
- Escalante Petrified Forest
- Flight Park Recreation Area
- Fred Hayes at Starvation
- Fremont Indian
- Frontier Homestead Museum
- Goblin Valley
- Goosenecks
- Great Salt Lake
- Green River
- Gunlock
- Historic Union Pacific Rail Trail
- Huntington
- Hyrum
- Jordan River
- Jordanelle
- Kodachrome Basin
- Millsite
- Otter Creek
- Palisade
- Piute
- Quail Creek
- Red Fleet
- Rockport
- Sand Hollow
- Scofield
- Snow Canyon
- Steinaker
- Territorial Statehouse
- Heritage Park
- Utah Field House of Natural History Museum
- Utah Lake
- Wasatch Mountain
- Willard Bay
- Yuba

13. Antelope Island State Park und Goblin Valley State Park

Utah kann nicht nur mit den spektakulären „The Mighty 5®"-Nationalparks aufwarten, sondern es gibt weiterhin noch 44 State Parks, die nahezu alle Erwartungen an Outdoor-Aktivitäten erfüllen. Die Coral Pink Sand Dunes als südlichster State Park in der Nähe der Kleinstadt Kanab locken Besucher mit meterhohen Sanddünen, wohingegen Wassersportler und Badefreunde am Bear Lake im nördlichsten State Park voll auf ihre Kosten kommen.

Wildes Utah: Im Antelope Island State Park leben teilweise bis zu 700 Bisons.

Wie die innerhalb des Bundesstaates unterschiedlichen Landschaften variieren natürlich auch die Aktivitäten, die Besucher in den State Parks erleben können. Wandern steht auf der Beliebtheitsskala ganz weit oben, ebenso vergnügen sich aber zahlreiche Besucher an diversen Wassersportarten, Trekking, Mountainbiking, Offroad-Fahrten und Camping.

Ein etwas ruhigeres, aber dennoch sehr faszinierendes Erlebnis: Einfach die eigene Komfortzone verlassen und zwar am besten mitten in der Nacht. Warum? Viele der Nationalparks und auch einige State Parks tragen mittlerweile den Titel „International Dark Sky

Kobolde jagen? Dann auf in den Goblin Valley State Park!

Park“ (siehe hierzu auch ab Seite 92). Die Luftverschmutzung durch nahe liegende Städte ist hier so gering, dass die Beobachtung des Sternenhimmels eine ganz neue Dimension bekommt. Vor Ort werden in diesen Gebieten entsprechende Programme mit Teleskopen angeboten – halten Sie Ausschau nach einer „Dark Sky Party“!

ANTELOPE ISLAND STATE PARK

Zu diesen Parks zählt unter anderem der Antelope Island State Park, der trotz der nur einstündigen Entfernung zu Salt Lake City sternenklare Nächte bietet, um in die Milchstraße blicken zu können. Für Astrofotografen sind besonders die White Rock Bay oder der Buffalo Point als Ausgangspunkt empfehlenswert.

Der State Park befindet sich mitten im Great Salt Lake im Norden Utahs, der dank der dort vorkommenden Gabelantilopen seinen Namen trägt. Insgesamt finden sich auf der Insel eine Vielzahl von Tieren: Schafe, Kojoten, Rotluchse und zahlreiche Vogelarten. Besonders ist aber das Vorkommen der Bisons, die dort seit dem 19. Jahrhundert angesiedelt wurden. Mittlerweile beläuft sich die Population auf bis zu 700 Tiere. Dies ist wirklich eines der absoluten Highlights bei einem Besuch der 115 Quadratkilometer großen Halbinsel, die über einen zwölf Kilometer langen, befahrbaren Damm erreicht werden kann. Plötzlich steht eines der majestätischen Tiere mitten auf der Straße und das Herz klopft bei dem Anblick dieser Giganten sofort schneller. Aber Vorsicht: stets genügend Abstand einhalten, auch wenn die Kolosse mit ihrem Fell und sanften braun-schwarzen Augen zum Streicheln verführen!

Obwohl Antelope Island von Salzwasser umgeben ist, finden sich auf dieser 40 natürliche Quellen von Süßwasser wieder, sodass die Tierwelt problemlos versorgt ist.

GOBLIN VALLEY STATE PARK

Ein zweiter International Dark Sky Park befindet sich im Südosten Utahs. Der zwölf Quadratkilometer große Goblin Valley State Park beheimatet eine Vielzahl an Sandsteinformationen, die es in dieser Form und Häufigkeit so an keinem anderen Ort gibt. Daher wird er sehr häufig mit dem Mars verglichen und war schon oft Kulisse für Filme oder Musikvideos.

Durch stetige Erosion wurde in dem Tal, 30 Kilometer von dem Örtchen Hanksville entfernt, der Sandstein so verformt, dass viele der Felsen wie Kobolde aussehen – daher auch der Name.

Der Park ist in drei große Bereiche aufgeteilt und lässt sich auf insgesamt zehn Kilometer Wanderwegen erkunden. Diese verlaufen allesamt auf dem umliegenden Felsplateau, sodass man von hier aus einen grandiosen weitläufigen Blick in das Tal genießen kann. Wer den Kobolden gegenüberstehen möchte, der kann seiner Entdeckerlust frei nach Belieben im Tal nachgehen.

14. Dinosaur National Monument und Grand Staircase-Escalante National Monument

Ob in den Fußstapfen von Dinosauriern und dem Leben einer längst vergangenen Zeit, der schier unendlichen Weite beeindruckender Wüstenlandschaften oder der farbenfrohen Enge mystisch verschlungener Canyons: Utah ist ein Staat der Superlative. Quer durchs Land reiht sich Highlight an Highlight. Auch das Grand Staircase-Escalante und das Dinosaur National Monument warten mit absolut atemberaubenden, einmaligen Erlebnissen auf.

Auch wenn sich das Dinosaur National Monument in den Ausläufern der Rockies in der Grenzregion zwischen Colorado und Utah auf beide Staaten erstreckt, so ist der Ursprung dieses Schutzgebietes der Beehive State. Bereits 1909 wurden an einem Ort, der heute als Dinosaur Quarry bekannt ist, die ersten fossilen Überreste aus einer längst vergangen Zeit gefunden. So einzigartig und besonders,

Fossilien-WOW im Dinosaur National Monument

dass das Gebiet in Utah schon 1915 als National Monument ausgewiesen und 1938 auf die heutigen Ausmaße ausgeweitet wurde. Dinosaur National Monument – der Name hält, was er verspricht. Über 800 Fundstellen Jahrmillionen alter Dinosaurierknochen und anderer paläontologischer Artefakte warten nur darauf, von den jährlich circa 300.000 Besuchern des Parks erkundet zu werden. Die Vielfalt der Knochen, Petroglyphen und auch fast vollständig erhaltenen Skelette sorgt dafür, dass das Wandeln auf den Spuren der Dinosaurier zu einem spannenden Abenteuertrip in eine längst vergangene Zeit wird.

Neben geschichtsinteressierten Reisenden kommen in dem Schutzgebiet nahe der Kleinstadt Vernal im Nordosten Utahs auch Naturliebhaber und Entdecker auf ihre Kosten! In über 150 Millionen Jahren haben die Wassermassen des Green River und Yampa River eine malerische Landschaft aus tiefen Tälern und Schluchten aus den farbenfrohen Sandsteinfelsen geschliffen. Dass nur wenige Wanderwege die mit einer Höhenlage von 1500 bis 3000 Metern zur Hochwüste zählende Landschaft durchziehen, dient dem Schutz vor Vandalismus der fragilen Fundstellen. Aber anders als in den meisten Parks unter Verwaltung der Nationalparkbehörde ist im Dinosaur National Monument das Erkunden auf eigene Faust abseits der vorgegebenen Wanderwege erlaubt. Das ist eine einmalige Möglichkeit, Geschichte und Natur hautnah zu erleben.

Umspannt das Dinosaur National Monument eine Fläche in etwa so groß wie Berlin, so löst die Weite des Grand Staircase-Escalante National Monument bei Reisenden ernsthaftes Erstaunen aus. Bis vor einigen Jahren umfasste die Fläche des Schutzgebietes in etwa das Zehnfache des Dinosaur National Monuments. 2017, nur 20 Jahre nach seiner Errichtung, wurde das im Vergleich noch sehr junge National Monument unter der Verwaltung des Bureau of Land Management empfindlich auf circa 50 Prozent seiner ursprünglichen Fläche verkleinert.

Unbeeinträchtigt hiervon bleibt das einmalige Gefühl von Abenteuer, Wildnis und unberührter Natur, das Besucher in den drei Arealen des Schutzgebietes erleben können. Im Grand Staircase,

Grosvenor Arch im Grand Staircase-Escalante National Monument

Grand Staircase-Escalante National Monument

Kaiparowits Plateau und Escalante Canyons – so die Namen der drei dem Park zugehörigen Gebiete – warten sensationelle Highlights wie die Calf Creek Falls, Yellow Rock, Peek-A-Boo and Spooky Canyon auf ihre Erkundung. Neben den beeindruckenden Sandsteinformationen ist das Schutzgebiet aber auch für seine grandiosen Schotterpisten bekannt. Denn kaum haben die Reifen den Asphalt verlassen, wirbelt im Rückspiegel gut sichtbar eine große Staubwolke auf und vermittelt ein unvergleichliches, uramerikanisches Gefühl von Freiheit in unberührter Natur.

Mit fast der doppelten Größe des Saarlandes gibt es nicht nur einen Ort, von dem Besucher solche gelungenen Abenteuertrips in die unwirkliche Wüstenlandschaft starten können. Für eine Fahrt auf der Cottonwood Canyon Road, die weite Teile des Streckenverlaufs zwischen dem Grand Staircase und dem Kaiparowits Plateau verläuft, bietet sich Kanab im Südwesten Utahs an. Für Erkundungstrips auf der Hole-in-the-Rock Road und der engen Slot Canyons ist das Dörfchen Escalante, etwa 115 Kilometer Luftlinie nordostwärts, der perfekte Ausgangsort.

15. Monument Valley: Monumentale Monolithen wie von einem anderen Planeten

Sonnenuntergang im Monument Valle

„Tse'Bii'Ndzisgaii" heißt in der Sprache der Navajo Monument Valley Navajo Tribal Park. Er ist einer der Sehnsuchtsorte und ikonisches Symbol des „Wilden Westens", wenn nicht sogar des ganzen Landes. Zudem gehört er zu den meistfotografierten Orten auf der Welt. Geister der Vorfahren durchdringen die zerklüfteten, zerrütteten Landschaften, die sich fremd, aber dank Hollywoods langer Liebesbeziehung in Form von Western und Werbespots deutlich vertraut anfühlen. Im Speziellen sind es besonders die bis zu 610 Meter hoch aufragenden Sandstein-Felsformationen (Monolithen) mitten in dem wüstenhaften Tal. Der 371 Quadratkilometer große Park wurde 1958 vom Navajo Tribal Council im Reservat der Navajo Nation, dem „Volk der Erde", als Schutzgebiet gegründet – und erstreckt sich auf Utah sowie das benachbarte Arizona.

„Gehe aufrecht wie die Bäume, lebe dein Leben so stark wie die Berge, sei sanft wie der Frühlingswind, bewahre die Wärme der Sonne im Herzen, und der Große Geist wird immer mit dir sein."

Weisheit der Navajo

Wie sind diese unglaublich wirkenden Sandsteintürme eigentlich entstanden? Eine berechtigte Frage, scheinen ausgerechnet diese Naturwunder wie von einer anderen Welt zu stammen. Ganz einfach: Ähnlich den Felsformationen im Arches und Canyonlands National Park ist die Entstehung auf Erosion zurückzuführen. Über Millionen von Jahren haben sich Schichten über Schichten von Sedimenten in dem einstigen Tieflandbecken abgelagert und zementiert. Das Becken hob sich durch Kräfte unter der Oberfläche an und wurde zu einem Plateau. In den letzten 50 Millionen Jahren legten Wasser und Wind das frei, was heute Besuchern beim ersten Blick den Atem raubt.

Info

Magisches Schattenspiel!

An wenigen Tagen jeweils um den 30. März und 12. September herum wirft der West Mitten Butte seine Silhouette zum Sonnenuntergang genau in die Mitte des East Mitten Butte.

EINIGE HIGHLIGHTS

- **Goulding's Lodge:** Besuch der Goulding's Lodge als Einführung in das Monument Valley mit dem Goulding's Trading Post Museum, welches an die Anfangszeit als Handelsposten (gegründet von Harry Goulding) sowie Stützpunkt der Western-Regisseure erinnert. Außerdem: Earth Spirit Theater, Stagecoach Restaurant mit köstlichen Navajo-Tacos, 62 Zimmer, Campingplatz und Geschäfte mit u. a. Anasazi-Artefakten und traditionellem Kunsthandwerk; auch Hochzeiten und geführte Touren möglich

Navajo Spirit – Free and Wild!

- **Monument Valley Drive:** Entdecker-Rundkurs (unbefestigte Schotterpiste) auf knapp 27 Kilometern ab dem Besucherinformationszentrum und vorbei an bekannten Formationen wie u. a. Mitten Buttes, Three Sisters, Yei-bi-chai, North Window und dem berühmten Totem Pole

- **Wanderung auf dem Wildcat Trail:** Knapp 6,5 Kilometer langer Rundweg ab dem Besucherinformationszentrum zu den berühmten Felsblöcken Mitten Buttes und Merrick Butte

- **Geführte Touren:** Zahlreiche thematische Halb- oder Ganztagestouren mit Guide zu den Landschaften oder in die Wohngebiete der Navajo möglich

- **Wandern und Camping abseits der offiziellen Pfade:** Zusätzliche Genehmigung (12 USD p. P./Tag) erforderlich zum regulären Eintritt

- **Shopping:** Outlets Park City, 6699 N Landmark Drive

RUND UM DAS MONUMENT VALLEY

- Ortschaft **Mexican Hat** mit ihrer an einen Sombrero erinnernden charakteristischen Felsskulptur; ca. 16 Kilometer

- **Goosenecks State Park** mit seinen vier wie Gänsehälse geschwungenen und 450 Meter tiefen Flussschlingen des San Juan River; ca. 22 Kilometer

Wie ein Sombrero – Mexican Hat nahe des Monument Valleys

- Wahrhaft „göttliches" **Valley of the Gods** mit bizarren Felsen; ca. 25 Kilometer

- **Natural Bridges National Monument** mit seinen überdimensionalen drei natürlichen Steinbrücken; ca. 45 Kilometer

- **Moki Dugway**, Abschnitt der UT State Route 261, mit seiner 335 Meter hohen Steilwand; ca. 30 Kilometer

- **Edge of the Cedars State Park Museum,** eine archäologische Stätte der Pueblo-Vorfahren, mit der größten Sammlung an Anasazi-Töpferkunst und einem typischen Dorf-Nachbau sowie Ausstellungen; ca. 50 Kilometer

- **Hovenweep National Monument** mit Zeugnissen der vor 1200 a. D. lebenden Pueblo-Indianer; ca. 58 Kilometer

- The Needles, der südliche Bereich, im **Canyonlands National Park**; ca. 91 Kilometer

Reise-Informationen: utahscanyoncountry.com

Info

Lage Navajo Visitor Center: Etwa 39 Kilometer südwestlich von Mexican Hat abseits des US Highway 163. P.O. Box 360289, Monument Valley, UT 84536.

Preis: 20 USD pro Pkw inklusive 4 Personen; 10 USD für Fußgänger oder mit Fahrrad/Motorrad. Online buchbar. Für kommerzielle Besuche variiert der Eintritt.

Öffnungszeiten: 1. April bis 30. September, täglich von 6 bis 20 Uhr. 1. Oktober bis 30. März, täglich von 8 bis 17 Uhr. Geschlossen an Thanksgiving, Weihnachten und Neujahr.

Touren: Auswahl an vielseitigen geführten Touren und Liste an Anbietern auf Website des Parks sowie auf Utah's Canyon Country erhältlich.

Regeln auf Navajo-Land: Drohnen-Nutzung, Klettern und die Bestattung (Streuen von Asche) auf bzw. im Navajo-Stammesland sind strengstens untersagt und werden mit Geldstrafen geahndet.

Website Monument Valley Navajo Tribal Park: navajonationparks.org

16. Seen, Flüsse, Geysire und Hot Springs

Von wegen nur Hoodoos und Arches

SEEN

Ein Überbleibsel aus der letzten Eiszeit ist heute eines der Wahrzeichen des Bundesstaates: Der heutige Great Salt Lake ist aus dem prähistorischen Lake Bonneville hervorgegangen, der vor 16.000 Jahren weite Teile Utahs bedeckte. Mit seinen Ausläufern nach Idaho und Nevada war der See einst so groß wie der Lake Michigan heute. Infolge von tektonischen und klimatischen Verschiebungen ergoss sich das Wasser weit über das Land, mehrere Seen und Inseln wie Antelope Island entstanden.

Heute erstreckt sich der Great Salt Lake, gelegen auf 1280 Metern, über eine Fläche von 120 Kilometern Länge und bis zu 80 Kilometern Breite. Der See fungierte auch als Namensgeber für Salt Lake City, am östlichen Ufer des Sees gelegen und heute Hauptstadt des Staates. Der Salzgehalt liegt bei bis zu 25 Prozent, wobei die drei großen Zuflüsse im Süden in den See münden und dort für einen niedrigeren Salzgehalt sorgen. Mittlerweile ist der Great Salt Lake, der sich gerade im Norden dank Bakterien im Wasser oft rötlich färbt, ein Anziehungspunkt.

Powell Lake

Ebenfalls nicht weit von der Hauptstadt entfernt liegt der Utah Lake, einer der größten Süßwasserseen des Bundesstaates und heute als Utah Lake State Park geschützt. Der See hat sich als beliebtes Ausflugsziel etabliert – im Sommer beispielsweise zum Fischen und Wassersport, im Winter zum Schlittschuhlaufen.

Ähnlich geschätzt ist der Fish Lake, der größte Bergsee Utahs und auf etwa 2700 Metern Höhe gelegen. Wassersportler und Angler finden hier ein ideales Ziel wie auch Wanderer und Moutainbiker. An den Gebirgssee in hochalpiner Landschaft grenzt der Fishlake National Forest.

Erfrischung im Sommer: Bear Lake

Zu den Top-Attraktionen zählt zweifellos auch der Lake Powell, den sich Utah mit Arizona teilt. Der See, auch als Glen Canyon National Recreation Area bekannt, ist der zweitgrößte Stausee der USA. Mit Fertigstellung des Glen Canyon Dam wurden 1963 insgesamt 96 Canyons überflutet, sodass heute seine Ufer mit 3153 Kilometern länger sind als die gesamte Westküste der USA. Highlight des Sees ist die Rainbow Bridge. Mit einer Höhe von 88 Metern und einer Spannbreite von 82 Metern gilt sie als größte natürliche Steinbrücke unseres Planeten. Die Rainbow Bridge ist am einfachsten auf einem Bootsausflug erreichbar. Zu den beliebtesten Aktivitäten auf dem See zählt das Chartern von Hausbooten für einige Tage.

Hervorzuheben zum Thema Seen ist im gleichen Atemzug auch der Bear Lake im Norden, den sich Utah mit Idaho teilt. Aufgrund seines klaren Wassers, der feinen Strände und türkisblauen Farbe im Sommer wird er auch als „Caribbean of the Rockies" bezeichnet und bietet sich ideal zum Planschen sowie für jede Art von Wassersport an. Um das 280 Quadratkilometer große und rund 250.000 Jahre alte Gewässer ranken sich auch Mythen. So berichten Zeitungsartikel aus dem 19. Jahrhundert von Sichtungen eines „Bear Lake

Monster“, welches dem Ungeheuer von Loch Ness ähneln soll. In den letzten 80 Jahren wurde das Bear Lake Monster angeblich drei Mal gesehen, zuletzt 2002. Beweise für die Existenz des Monsters blieben jedoch bislang aus – dafür findet jeden Winter im Januar das Bear Lake Monster Winterfest statt.

COLORADO RIVER UND GREEN RIVER

Der Colorado River als wichtigster Fluss im Südwesten der Vereinigten Staaten schlängelt sich auch über zahlreiche Kilometer quer durch Utah. Von Moab aus werden vielfältige Aktivitäten auf dem insgesamt 2333 Kilometer langen Fluss angeboten – vom gemütlichen Stand-up-Paddling bis hin zu actionreichen Rafting-Touren. Im nahen Canyonlands National Park eröffnet sich zudem immer wieder ein sehenswerter Blick.

Hier im Nationalpark mündet auch der Green River nach 1175 Kilometern als sein wichtigster Zufluss in den Colorado River. Der Green River gilt als einer der bedeutendsten Flüsse Utahs und entspringt wie auch der Colorado River den Rocky Mountains. Im nördlichen Teil ist er für wilde Stromschnellen bekannt, während er ab dem Örtchen Green River (eine Autostunde von Moab entfernt) zu einem ruhigen Gewässer mit einigen sanften Stromschnellen wird. So zählt ein Ausflug in den Stillwater Canyon zu den beliebtesten Aktivitäten auf dem Green River, ebenso wie Touren in den Green River State Park mit dem sogenannten Labyrinth Canyon.

Utah auf dem Wasser entdecken – Green River

GEYSIRE UND GEOTHERMALE QUELLEN

Man würde es nicht vermuten, schließlich fallen einem beim Gedanken an dampfende Pools eher der Yellowstone National Park sowie Länder wie Island, Chile oder Neuseeland ein. Aber auch Utah kann mit der ein oder anderen Wasserfontäne punkten: Korrekterweise spricht man beim Crystal Geyser nahe der Stadt Green River von einem Kaltwassergeysir. Eine erste Beschreibung der Stelle stammt von John Wesley Powell, aufgezeichnet am 13. Juli 1869 während seiner Green-River-Expedition. Crystal Geyser ist ein durch Kohlendioxyd getriebener Geysir. Das Gas entsteht durch den Kontakt von auf natürlichem Weg leicht mit Schwefelsäure angereichertem Grundwasser, das mit kalkhaltigen Schichten in Kontakt kommt. Besucher müssen sich etwas in Geduld üben, denn die teils bis zu 30 Meter hohen, eher unregelmäßigen Eruptionen sind oftmals mit stundenlangen Pausen verbunden. Blickfang sind unter anderem auch die rötlich gefärbten, filigranen Sinterterrassen!

Tipp

Unbedingt einen Stopp im John Wesley Powell River History Museum in Green River einlegen!

Besonders in der kalten Jahreszeit ein Erlebnis: eine Spa-Auszeit in Utahs Hot Springs. Die Mystic Hot Springs nahe Monroe, Fifth Water Hot Springs im Diamond Fork Canyon, Crystal Hot Springs in Honeyville und der Homestead Crater inklusive Resort in Midway sind nur einige, die sich zum Entspannen, Schnorcheln, Tauchen oder sogar Scuba-Yoga im wohlig warmen Wasser anbieten. Einige liegen idyllisch inmitten der Natur und sind lediglich mit einer Wanderung erreichbar, andere zeichnen sich durch moderne Infrastruktur aus und sind mit Eintritt verbunden.

Hot Tub Life in den Mystic Hot Springs bei Monroe

17. The Great Outdoors

Im Einklang mit Utahs Naturwundern bei Aktivitäten von A bis Z

Wild. Lebendig, Zerklüftet. Kontraste. Überall, wo man hinschaut. Utah ist einer der spektakulärsten Spielplätze der Welt und steht für grenzenlose Abenteuer und Erlebnisse in der Natur an 365 Tagen und zu jeder Jahreszeit. Für den Anfang könnte man Jahre damit verbringen, alle Ecken und Winkel von nur einem der fünf Nationalparks, neun National Monuments und 44 State Parks Utahs zu erleben. Dazwischen faszinieren schneebedeckte Berge, wilde Flüsse, türkisblaue Seen, rauschende Wasserfälle, sattgrüne Täler und im Besonderen die beeindruckenden intensiv leuchtenden Red Rocks, die das südliche Utah durchziehen.

> **„Let's Wander Where the WIFI is Weak."** *unbekannter Autor*

Der Beehive State gibt dem Begriff Outdoor eine neue Dimension – hier kommt jeder Abenteurer und Sportler auf seine Kosten. Einfach die Angel auswerfen. Die Pisten erobern. Sich in einem Slot Canyon abseilen. Auf und unter Wasser erfrischen. In geothermalen Quellen entspannen. Mit dem Rad unterwegs im Hinterland oder durch raues Gelände cruisen. Oder einfach ruhig stehen bleiben. Den Blick nach oben oder in die Ferne werfen. Atmen. Fühlen, wie Wind, Erosion und Zeit Magisches geschaffen haben. Um dann mit Utah zu verschmelzen.

Flowers Are In The Air

Farbenprächtige Wildblumenblüte mit über 120 Arten.
Sehenswerte Trails (Blütezeit Juli bis August):

- Albion Basin Hike (Little Cottonwood Canyon)
- Alpine Pond Trail (Cedar Breaks National Monument)
- Mount Terrill Flower Garden (Fishlake National Forest)
- Mount „Timp" (Timpanogos)
- Tony Grove Nature Trail (Logan Canyon)

OUTDOORSY UTAH

- **Angeln** in über 1000 befischbaren Gewässern und Strömen, z. B. Green River, Provo River, Weber River, Pineview Reservoir oder Flaming Gorge Reservoir. Besonders lecker im Netz: Forelle; Angeln nur mit Lizenz möglich

Fliegenfischen im Heber Valley

- **Backpacking:** Unterwegs über das Wochenende oder mehrtägig durch alpine Wälder und felsige Terrains

- **Bouldern und Klettern** auf allen erdenklichen Oberflächen, die die Natur bietet, und für jeden Schwierigkeitsgrad. Highlight unter anderem Via Ferrata am Mount Ogden, dessen Routen mit zu den besten der Welt zählen, laut dem bekannten Alpinisten und Ogdener Jeff Lowe († 2018).

Ice Climbing

- **Camping** auf über 300 öffentlichen Campingplätzen und RV-Parks. Dazu kommen noch privat geführte Campingplätze.

- **Canyoning** in tiefen Canyons der Nationalparks oder Wüstenschluchten des Grand Staircase-Escalante National Monument. Utah hat die weltweit größte Ansammlung von Slot Canyons wie z. B. Peek-A-Boo, Spooky Gulch, Buckskin Gulch, Willis Creek Narrows, Singing Canyon, Little Wild Horse, Ding and Dang.

- **Geocaching** in Utah ist ein Hightech-Jagdabenteuer zwischen den spektakulären Naturwundern und Stätten des kulturellen Erbes, visitutah.com/things-to-do/geocaching

Sand Hollow Golf Course in Hurricane

- **Golf** auf einem von rund erstklassigen 120 Greens von Norden bis Süden. Allein in einem 45-minütigen Umkreis um St. George finden Golfer bereits zehn Greens für den perfekten Abschlag; Utah Golf Association, uga.org

Mountainbiken auf der Gooseberry Mesa

- **Mountainbiken**, z. B. Anstiege und Abfahrten der Slickrock Trails bei Moab, Thunder Mountain oder Gooseberry Mesa. Park City ist Amerikas einzige Mountainbike-Stadt, die von der International Mountain Bicycling Association mit einem Gold Level zertifiziert wurde.

- **OHV (Off-Highway Vehicles)**, ATV (All-Terrain Vehicles) und Schneemobile, durch unwegsames Hinterland zu jeder Jahreszeit oder über Wüstendünen, wo Pkw und Wohnwagen nicht hingelangen. Hot-Spots: Paiute ATV Trail, Coral Pink Sand Dunes State Park oder Little Sahara Recreation Area

ATV am Lake Powell

- **Reiten** auf kilometerlangen Trails durch einzigartige Landschaften. So kann man den Wanderschuhen auch eine Auszeit gönnen. Tipp: Ranch-Urlaub wie auf einem Bauernhof!

- **Wandern** auf familienfreundlichen Trails bis hin zu schwierigeren Kletterpartien zwischen den roten Felslandschaften, in üppiger Wildnis wie dem Dixie National Forest oder auf dem Mount Raymond mit sensationellem 360-Grad-Rundumblick über den Big Cottonwood Canyon

Hike im Little Cottonwood Canyon

Mal wieder Zeit für SUP nehmen!

- **Wassersport** wie Angeln, Fliegenfischen, Schwimmen, Bootfahren, Rafting (bis zu Level V), SUP auf Seen, Stauseen und Flüssen, z. B. Green River, Colorado River, San Juan River, Bear Lake oder Lake Powell. Am besten mit Tourenanbieter und Guide; sehr große Auswahl in Utah, besonders in den Outdoor-Mekkas Moab und Kanab

Rafting: Gates of Lodore

Exkurs: John Muir

Der Naturforscher und Autodidakt John Muir (1838 bis 1914), auch bekannt als „John of the Mountains" und „Father of the National Parks", reiste Ende des 19. Jahrhunderts nach Salt Lake City.

1877 fand sich der Naturforscher und spätere Gründer des Sierra Club in Salt Lake City wieder und arbeitete als Korrespondent für das San Francisco Evening Bulletin. Muir war besonders vom Grün der Stadt angezogen. Salt Lake, so notierte er, sei eine „Stadt der Flieder und Tulpen": „Nirgendwo habe ich sie in größerer Perfektion gesehen. Kaum ein Haus, so obskur es auch sein mag, ist ohne sie."

Außerdem haben es ihm der Great Salt Lake und die Oquirrh-Berge westlich der Stadt angetan: „I found many delightful seclusions – moist nooks at the foot of cliffs, and lilies in every one of them, not growing close together like daisies, but well apart, with plenty of room for their bells to swing free and ring. Descending the mountain, I followed the windings of the main central glen on the north, gathering specimens of the cones and sprays of the evergreens, and most of the other new plants I had met; but the lilies formed the crowning glory of my bouquet – the grandest I had carried in many a day. I reached the hotel on the lake about dusk with all my fresh riches, and my first mountain ramble in Utah was accomplished."

Quelle: Brandon Johnson for Utah Humanities© 2009, „John Muir in Utah", Utah Stories from the Beehive Archive

Info

Höchster Berg Utahs? Das ist der Kings Peak mit 4123 Metern, benannt nach Clarence King, der als Erforscher der Sierra Nevada gilt.

18. On The Road

Unterwegs auf Utahs Scenic Byways & Backways

Ab ins Auto, ab ins Abenteuer! Erkunden Sie Utah durch die Linse eines beliebten amerikanischen Zeitvertreibs: dem legendären Roadtrip. Laut Duden wird damit „eine weite Reise mit dem Auto,

Entlang am Colorado River auf dem Highway 128

oftmals ohne feste Streckenplanung" bezeichnet. So oder ähnlich kann es werden. Der Weg ist hier das Ziel – Drive & Stop das Credo. Aber um nicht verloren zu gehen, haben wir im folgenden Kapitel einige äußerst sehenswerte Panoramastraßen in Utah als Inspiration zusammengetragen.

Über 3500 Kilometer führen sie vorbei an überwältigenden Landschaften geprägt von tiefen Canyons, orange leuchtenden Felswänden, sattgrünen Tälern und rauschenden Flüssen. Oftmals leiten sie auch wie von einer magischen, unsichtbaren Hand geführt zu historischen oder fossilen Stätten, in verschlafene Kleinstädte oder zu verlassenen Orten. Jede Straße hat etwas für jeden: Mal ist es die perfekte Kulisse für den Fotografen oder das ersehnte Wandernirvana, mal die ultimative Traumwelt eines Geologen oder Historikers. Also, fangen Sie das grenzenlose Lebensgefühl und die Erlebnisse auf, entlang und neben Utahs Panoramastraßen ein!

Viele der Roadtrip-Routen und weniger befahrenen Straßen beinhalten Teile von oder sind komplett ausgewiesene Scenic Byways. Insgesamt gibt es 27, aber auch die Scenic Backways, sogenannte Straßen im Hinterland, punkten mit Eyecatchern.

„Life Is A Journey, Not A Destination."
Ralph Waldo Emerson

ALL-AMERICAN ROAD: SCENIC BYWAY (HIGHWAY) 12

119 Kilometer | etwa vier Stunden

Der Highway 12, eine der prächtigsten Straßen der USA, von Panguitch nach Torrey, führt durch kurvenreiche Schluchten, rote Felstürme, Pinienwälder und Pionier-Städte wie Henrieville.

DINOSAUR DIAMOND PREHISTORIC HIGHWAY NATIONAL SCENIC BYWAY

825 Kilometer | zwei bis drei Tage mit Stopps

Für Familien mit Kindern: Diese Route ist ein Juwel und führt durch den ehemaligen „Jurassic Park" Utahs. Von Moab über Price und Vernal wird auf der Rückreise mit Rangely und Fruita auch der Süden Colorados gestreift. Hier können Dinosaurier-Enthusiasten und Wissenschaftler aus der ganzen Welt zusammenkommen. Highlights unter anderem: Museen, fossile Grabungsstätten, Felskunst sowie das Dinosaur National Monument.

Info
Für zahlreiche Routen gibt es von der App „Travel Story" auch Audio-Guides.

Film-berühmt: Highway 163 im Monument Valley

LOGAN CANYON NATIONAL SCENIC BYWAY

66 Kilometer | eine Stunde

Der Scenic Byway auf dem Highway 89 nördlich und östlich von Logan führt entlang des sich windenden Logan River von der quirligen Campus-Stadt Logan nach Garden City. Highlights: Hike zu den Wind Caves im Logan Canyon sowie der Blick auf den türkisfarbenen Bear Lake, den sich Utah mit Idaho teilt.

BIG COTTONWOOD CANYON STATE BYWAY

24 Kilometer | 25 Minuten

Auf dem Highway 190 geht es den Big Cottonwood Canyon hinauf zu den Resorts Solitude und Brighton. Blickfang: viele Wanderwege und Campingplätze zwischen wunderschönen Bergseen.

BICENTENNIAL HIGHWAY SCENIC BYWAY

215 Kilometer | ein bis zwei Tage

Von Hanksville führt der Highway 95 nach Blanding mit atemberaubenden Sehenswürdigkeiten entlang der Strecke, sodass sich eine Übernachtung zum Durchatmen anbietet. Highlight: Natural Bridges National Monument mit seinen drei Steinbrücken, Glen Canyon National Recreation Area, Lake Powell, Moki Dugway Scenic Drive, Goblin Valley

> **Info**
> Karten und Broschüren sind kostenlos auf visitutah.com zum Download oder Versand erhältlich!

Moki Dugway im San Juan County

19. Stargazing & Dark Sky Parks

Wenn Utah „Gute Nacht" sagt, leuchtet der Himmel sternenklar

Für viele Menschen in der Stadt, rund 80 Prozent der amerikanischen Bevölkerung, ist ein Blick auf die Milchstraße und die Sterne eine mythische Seltenheit. Wir haben die von den Sternbildern inspirierten Legenden gehört. Wir wissen, dass Seeleute die Sterne benutzten, um sich den Weg nach Hause oder in den nächsten sicheren Hafen zu weisen. Elektrisches Licht hat unser Leben revolutioniert, aber mit zunehmender Beleuchtung wird es immer schwieriger, einen klaren Nachthimmel in seiner funkelnden Unendlichkeit zu genießen.

> **„Only In The Darkness Can You See The Stars."**
> *Martin Luther King*

Die 1988 gegründete US-Nonprofit-Organisation International Dark Sky Association (IDA) zertifiziert Parks, Reservate und Orte auf der ganzen Welt, die aufgrund ihrer geringen Lichteinflüsse die besten Aussichten auf die Galaxie bieten. Die meisten sind für Camper geöffnet oder bieten Unterkünfte an – was bedeutet, dass man die ganze Nacht über den universellen Zauber des Himmels betrachten kann.

Der große Vorteil von Stargazing und Astro-Tourismus: Man kann das ganze Jahr über einen dunklen Himmel bewundern. Aus der Sicht unserer Nordhalbkugel ist die Milchstraße immer am Südhorizont zu sehen.

Utah liegt im Herzen eines dichten Clusters von zertifizierten Parks von New Mexico bis Montana namens The Great Western Starry Way – und verfügt aktuell über 16 ausgezeichnete Dark Sky Parks. Dank seines trockenen Klimas, seiner höheren Lagen und einer ganze Fülle an Leere – Orte, die frei von urbanen Zentren sind – bietet sich Stargazing hervorragend an:

Sternenhimmel über dem Natural Bridges National Monument

- Arches National Park
- Canyonlands National Park
- Bryce Canyon National Park
- Capitol Reef National Park
- Dead Horse Point State Park
- Natural Bridges National Monument
- Hovenweep National Monument
- Rainbow Bridge National Monument
- Cedar Breaks National Monument
- Dinosaur National Monument
- Goblin Valley State Park
- Steinaker State Park
- Antelope Island State Park
- North Fork Park of Ogden Valley
- Torrey
- Helper

Info
Das menschliche Auge benötigt 20 bis 30 Minuten, um sich an die Dunkelheit anzupassen.

Tipp
Viele der IDA-zertifizierten Orte in Utah bieten geführte „Star Parties" (ein bis drei Stunden) an mit Ranger-Programmen und Spezial-Teleskopen. Auskunft erhältlich in den Visitor Centers.

STARGAZING: WIE?

Das Schöne an der Sternenbeobachtung: Sie ist einfach vorzubereiten und zu erleben. Schließlich haben bereits Generationen vor uns in den Himmel geschaut, mit kaum mehr als einfacher Kleidung.

Milky Way über Iosepa

CHECKLISTE

- Wetter auf Temperaturen nach Sonnenuntergang überprüfen
- Warme Kleidung („Zwiebel-Look"), Campingstühle/Decke, Snacks und Wasser sowie Heißgetränke für kalte Nächte
- Fernglas/leichtes Teleskop
- Stirnlampe/Taschenlampe
- App/Karte des Sternensystems zur Orientierung sowie Lichtverschmutzung

Info

Die Milchstraße leuchtet von März bis November in unterschiedlicher Intensität, am hellsten im Sommer, rund ein bis 1,5 Stunden nach Sonnenuntergang sowie bei Neumond bzw. drei Tage vor oder danach.

MARS DESERT RESEARCH STATION

Die Mars Desert Research Station im San Rafael Swell nahe Hanksville – wo auch 2009 Star Trek gedreht wurde – wurde 2001 von der Mars Society gegründet, um Forscher, Studenten und die Öffentlichkeit besser über Möglichkeiten von menschlichem Leben auf dem roten Planeten aufzuklären. Es ist der zweite simulierte Mars-Lebensraum nach der im Jahr 2000 gegründeten Flashline Mars Arctic Research Station in Kanada. Über 213 Crews (Sechser-Teams; Oktober bis Mai) waren bisher bei ein- bis zweiwöchigen Feldversuchen in der Station, um das Leben auf der Marsoberfläche zu simulieren, unter anderem Erkundung der Umgebung in kompletten Weltraumanzügen, Systemwartung der Station, Anbau von Pflanzen zur Selbstversorgung oder Recycling von Abwasser.

Info: Glamping

Must-Do während eines Urlaubes in Utah. Besonders ausgefallen in Jurten, Glamping-Zelten, Tipis oder Pionier-Siedlerwagen mit freiem Blick in den Sternenhimmel über dem Bett – oder einfach Back to the Roots im Schlafsack beim Camping.

20. Utahs Hauptstadt: Salt Lake City

Salt Lake County | 200.600 Einwohner

Die erst 1847 gegründete Stadt Salt Lake City hat knapp über 200.000 Einwohner und bildet das Zentrum der Wasatch-Front-Metropolregion, die sich zusammengesetzt aus zehn Städten über eine Länge von 160 Kilometern erstreckt. Hier lebt der Hauptteil der Bevölkerung Utahs, insgesamt über zwei Millionen Menschen, während das gesamte Staatsgebiet insgesamt 3,1 Millionen zählt. Der Salt Lake International Airport liegt circa 15 Minuten von Salt Lake City entfernt und kann bequem per TRAX-Straßenbahnlinie, der öffentlichen Buslinie UTA, dem All-Resorts Shuttle oder Taxi/Uber/Lyft erreicht werden. Verschiedene Mietwagenanbieter befinden sich direkt im Terminalgebäude des Airports.

Salt Lake City liegt auf 1320 Metern Höhe und heißt Besucher mit 222 Sonnentagen im Jahr zumeist mit klarem Himmel und Sonnenschein willkommen. Geben Sie sich einen Tag nach der Anreise Zeit, um sich an die Höhe und das trockene, kontinentale Klima zu gewöhnen, trinken Sie viel und überfordern Sie sich am ersten Tag nicht.

Willkommen in Utahs Hauptstadt!
Location: 619 S 600 W, Salt Lake City

Durchschnittliche Tagestemperatur in Salt Lake City

Monat	Höchstwert	Tiefstwert
Januar	37,0°F (2,8°C)	21,3°F (-5,9°C)
Februar	43,4°F (6,3°C)	25,5°F (-3,6°C)
März	52,8°F (11,6°C)	33,4°F (0,8°C)
April	60,9°F (16,1°C)	39,0°F (3,9°C)
Mai	70,6°F (21,4°C)	46,9°F (8,3°C)
Juni	82,2°F (27,9°C)	55,8°F (13,2°C)
Juli	90,6°F (32,6°C)	63,4°F (17,4°C)
August	88,7°F (31,5°C)	62,4°F (16,9°C)
September	77,6°F (25,3°C)	52,4°F (11,3°C)
Oktober	64,0°F (17,8°C)	41,0°F (5,0°C)
November	48,7°F (9,3°C)	30,4°F (-0,9°C)
Dezember	38,0°F (3,3°C)	22,4°F (-5,3°C)

Nicht nur die Höhe, sondern auch die Nähe zu den Bergen hat Salt Lake City den Spitznamen Ski City verschafft. Zusammen mit Park City war Salt Lake City Austragungsort der Olympischen Winterspiele 2002, was beide Städte international bekannt werden ließ. In weniger als einer Stunde vom Salt Lake City International Airport erreicht man zehn erstklassige Skigebiete wie Alta, Snowbird, Brighton oder Solitude. Der öffentliche UTA-Skibus sowie die Straßenbahnlinie TRAX bringen Besucher von der Innenstadt direkt in die Skigebiete. Verschiedene Ticket-Optionen wie z. B. der „Ski City Super Pass“ machen es Wintersport-Fans leicht, weniger Zeit mit der Planung und mehr Zeit auf der Piste zu verbringen (mehr zu Utahs Skigebieten ab Seite 160 oder auf skiutah.com).

Tabernacle Choir am Temple Square

Die wohl bekannteste Attraktion in Salt Lake City ist der Temple Square, das Zentrum der „Kirche Jesu Christi der Heiligen Letzten Tage". Kostenlose Führungen in insgesamt 40 Sprachen können bequem über die Website gebucht werden (templesquare.com). Besucher können außerdem einer Vorstellung des bekannten „Tabernacle Choir" lauschen. Tipp: Umbau und Erweiterung des Salt Lake Temple bis 2024 in der Reiseplanung berücksichtigen. Das City Creek Center, welches direkt gegenüber des Temple Square liegt, lädt zum ausgiebigen Flanieren und Shoppen von bekannten US-Labeln an.

Auch kulinarisch hat Salt Lake City einiges zu bieten: Über 2000 Restaurants und zahlreiche Foodtrucks gibt es mittlerweile in der Stadt. Mikrobrauereien, Destillerien, LGBTQ-Bars und Nightlife sind das Spiegelbild einer lebendigen und vibrierenden Metropole.

EINIGE HIGHLIGHTS

- **Granary Row Pop-up Market** in Schiffscontainern und Food Trucks (jeden Donnerstag bis Samstag im Sommer und Herbst)

Nicht versäumen: Der Farmers Market von Salt Lake City findet jeden Samstag im Sommer im Pioneer Park statt.

- **Evas Restaurant:** Probieren Sie sich durch die mediterran angehauchte Karte. Die Gerichte kommen im „Tapas Style", also in kleinen Probierportionen.

- **Farm-to-Table liegt auch in Salt Lake City im Trend:** Besuchen Sie das Pago Restaurant, Table X oder Café Niche für exzellenten Geschmack.

- **Innovative Craft-Bier-Sorten** sowie herzhafte, modern-amerikanische Küche gibt es in den Kleinbrauereien der Stadt wie z. B. bei Squatters, Red Rock, Epic oder Uinta.

- **Some Like It Hot:** Im Red Iguana, Blue Iguana oder Rico Cocina y Tequila Bar wird nicht an Gewürzen gespart und es kommen authentisch-mexikanische Gerichte auf den Tisch.

- **Die besten Donuts** der Stadt gibt es bei Banbury Cross Donuts – sogar mit Drive-Thru-Verkauf.

- **Einen Salt Lake „Java Juice"** (aka Kaffee) bekommt man im Szeneviertel Sugar House bei Sugarhouse Coffee oder im Central 9th District im Blue Copper Coffee Room.

Moab Brewery

Wer mehr aus seiner Zeit in Salt Lake City machen möchte, sollte sich den Salt Lake Connect Pass zulegen (Tagespass ab circa 30 US-Dollar). Er umfasst eine Vielzahl an Angeboten für die Top-Attraktionen im Großraum Salt Lake City wie etwa Clark Planetarium, Natural History Museum of Utah, Red Butte Garden, Hogle Zoo, This is The Place Heritage Park, Utah Museum of Fine Arts, Museum of Natural Curiosity sowie den Utah Olympic Park.

Anders als die meisten Metropolregionen grenzt Salt Lake City an die Ausläufer der Rocky Mountains (Wasatch-Gebirgskette) an und bietet Outdoor-Spaß nur wenige Minuten entfernt von der Innenstadt. Die folgenden Tipps bieten Erholung an der frischen Luft:

- **Ausflug zur weißen Salzwüste Bonneville Salt Flats**
  Von Salt Lake City aus lohnt sich ein Abstecher zu den circa zwei Autostunden entfernten Bonneville Salt Flats, Utahs surreale und strahlend-weiße Salzwüste an der Grenze zu Nevada. Ähnlich wie die weiße Wüste von Uyuni (Bolivien) sind auch die Bonneville Salt Flats eine einzigartige Naturschönheit und erstrecken sich über 300 Quadratkilometer entlang der Interstate 80. Tipp für Fotografen: Besonders schön sind die Salt Flats, wenn es geregnet hat und interessante Spiegelungen erzeugt werden.

Raus aus der Stadt – Silver Lake im Big Cottonwood Canyon

- **Wandern auf dem Bonneville Shoreline Trail**
  Mehrere Kilometer vom Bonneville Shoreline Trail System (BSL) umranden die Stadt Salt Lake City. Etliche Ausgangspunkte, die zum BSL führen, sind innerhalb weniger Minuten von der Innenstadt aus erreichbar. Wanderer, Läufer und Mountainbiker teilen sich die ehemalige Küstenlinie des prähistorischen Lake Bonneville, der einst das gesamte Great Basin ausgefüllt hat, in dem heute Salt Lake City liegt. Wandern Sie z. B. zum berühmten Ensign Peak oder nehmen Sie den Living Room Trail für atemberaubende Ausblicke über Utahs Hauptstadt.

- **Radfahren in den Canyons rund um Salt Lake City**
  Der Emigration Canyon ist eine beliebte Fahrradroute in Salt Lake City, direkt von der Innenstadt aus erreichbar. Mit dem Auto kann man in der Nähe vom Hogle Zoo auf dem Parkplatz an der Zufahrt zum Canyon parken. Auf dem Rückweg sollte man eine Pause in Ruth's Diner machen. Der City Creek Canyon gilt als Favorit unter vielen Radfahrern, da Autos in der Sommer-Saison nur an geraden Kalendertagen zwischen dem Memorial Day (letzter Montag im Mai) bis zum Labor Day (erster Montag im September) fahren dürfen. Im Winter und an ungeraden Kalendertagen ist der Canyon für Autos gesperrt.

- **Ab in die grüne Lunge Utahs zu den Cottonwood Canyons**
  Die Canyons Little Cottonwood und Big Cottonwood sind eine halbe Stunde vom Salt Lake City International Airport und der Innenstadt entfernt. Im Winter als Skigebiete bekannt, sind die Cottonwood Canyons im Sommer idealer Ausgangspunkt zum Klettern, Bouldern, Wandern oder Mountainbiken. Die Canyons verfügen über ein Dutzend Wandermöglichkeiten mit tollen Aussichten, Alpenseen, Wildblumen und sogar Elchen. Hier eine Auswahl:
  - Maybird Lakes
  - Mount Raymond
  - Wasatch Crest Trail

Reise-Informationen: visitsaltlake.com

21. Logan

Cache County | 51.619 Einwohner

Logan befindet sich rund 1,5 Stunden nördlich von Salt Lake City und wird idyllisch eingerahmt von zwei Bergketten. Herz der Stadt ist die 1888 gegründete Utah State University – die fünftgrößte, öffentliche Universität der USA sowie bekannt für ihre „Aggies", das legendäre Leichtathletik-Team. Unbedingt im Campus-Store ein Aggie Blue Mint probieren!

> ### Souvenir-Tipp!
> **Bluebird Candy Company** (75 West Center), die offene Manufaktur des berühmten Restaurants mit Café und Shop für feinste Schokoladen-Kunst.

The Bluebird Restaurant

American West Heritage Center

EINIGE HIGHLIGHTS

- **The Bluebird Restaurant:** 1923 eröffnet mit handbemalten Wänden und einer originalen Soda-Fontäne, 19 North Main Street

- **Aggie Ice Cream and True Blue Cheese:** Als Landwirtschaftsschule perfektioniert die Utah State University die Kunst der Herstellung von Milchprodukten. Im Angebot: 30 verschiedene Eiscremes und handgemachter Käse wie Old Juniper Aged Cheddar oder Old Ephraim Smoky Swiss, 750 North 1200 East

- **The Spirit Goat:** 2002 gegründet, familiengeführtes Unternehmen, das sich auf Seifen, Lotionen und andere Produkte aus Ziegenmilch spezialisiert hat, 28 Federal Avenue

Honigabfüllung im Cox Honeyland

- **Cox Honeyland & Gifts:** Imkerei seit 1929 mit Honig und vielen anderen Produkten aus dem Bienensaft, 1780 S. US-89

- **Logan Canyon National Scenic Byway:** Hike zu den Wind Caves, Highway 89

- **American West Heritage Center:** Freilicht-Museum für eine Zeitreise zurück in den „Wilden Westen" mit reicher Siedler-Geschichte, Maislabyrinth, Handwerk, Bisons und vielem mehr, 4025 S. Hwy 89-91, Wellsville

- 50 Minuten vom türkisfarbenen **Bear Lake** entfernt

Info

Nature Perfection!

Im Logan Canyon befindet sich mit ca. 1500 Jahren der älteste Wacholderbaum der Welt. *Hike: Jardin Juniper Trail, Highway 89*

UTAH'S HEART OF THE ART

Jedes Jahr im Juli und August zieht Logan mit seinem Utah Festival Opera & Musical Theatre alle Blicke auf sich. Über 300 Künstler aus New York City und vom Broadway finden sich ein, um die berühmte Werke wie „Der Barbier von Sevilla", „Der geheime Garten", „Into the Woods" oder „Amazing Grace" auf die örtlichen Bühnen zu bringen. Außerdem werden Konzerte, Backstage-Touren, Meet & Greets mit den Stars und Seminare angeboten. Blickfang: das Ellen Eccles Theatre

Tipp

Bester Kaffee

Caffe Ibis!, *52 Federal Avenue*

Reise-Informationen: explorelogan.com

22. Ogden

Weber County | 83.793 Einwohner

Die ehemalige Eisenbahnstadt Ogden, idyllisch gelegen an den Flüssen Weber und Ogden, befindet sich rund 64 Kilometer nördlich von Salt Lake City. Namensgeber war der kanadische Trapper Peter Skene Ogden. Gleich drei Skigebiete – Nordic Valley, Powder Mountain und Snowbasin in den Wasatch-Bergen – liegen vor den Stadttoren. Im internationalen Spotlight stand Ogden 2002, als Olympische Wettkämpfe im Ski-Alpin-Speed sowie Curling ausgetragen wurden.

Historic 25 Street in Ogden

1869 trieben Arbeiter der Central Pacific und der Union Pacific den zeremoniellen „Golden Spike" in den Boden, der die First Transcontinental Railroad, die erste transkontinentale Eisenbahn, und somit den Westen mit dem Osten der USA verbunden hat. Ogden und seine Umgebung erlebten wirtschaftlichen Wohlstand und Ruhm, aber auch einen Ruf, der so oft in westlichen Städten nach einem Geldsegen zu finden war. Auf dem Höhepunkt des Booms war Ogden die Heimat von mehr Millionären als in jedem anderen Ort der Nation. Während der Prohibition wurden mittels versteckter Tunnel Alkohol in die Bars und Bordelle entlang der 25th Street „gefördert". In dieser Zeit war Ausschweifung so weit verbreitet, dass selbst der berüchtigte Gangster Al Capone Ogden angeblich als zu grob und gesetzlos empfand. Heute geht Ogden einem quirligen Kleinstadtleben nach mit viel Innovation und einem florierenden Tourismus.

> **Info**
> Mit der fränkischen Stadt Hof besteht seit 1954 eine deutsch-amerikanische Städtepartnerschaft.

EINIGE HIGHLIGHTS

- **Historic 25th Street** mit Galerien, Skulpturen, Spas, Boutiquen sowie Cafés und Restaurants
- **Wachsende Destillier- und Craft-Bier-Szene**, wie z. B. Ogden's Own Distillery oder Talisman Brewing Company
- **Ogden Union Station:** Feierliche Zeremonie im Mai 2019 anlässlich des Zusammenschlusses der First Transcontinental Railroad vom 10. Mai 1869 (150 Jahre) am Promontory Point
- **Odgen** ist nur 50 Minuten vom Promontory Summit mit dem Golden Spike National Historic Site entfernt.

Urban Ogden

Info

Berühmte Persönlichkeit

In Ogden wurde 1900 John Willard Marriott geboren, Gründer der größten Hotelkette der Welt: Marriott International.

NA SOWAS!

Mehreren Überlieferungen zufolge wurde das Logo von Paramount Pictures, bekannt als „Majestic Mountain“, nach dem Vorbild des höchsten Gipfels nördlich von Ogden, Ben Lomond, gestaltet. Es wird gesagt, dass William W. Hodkinson, Gründer von Paramount und erster Inhaber eines Filmtheaters in Ogden, das Bild zunächst während eines Treffens im Jahr 1914 auf eine Serviette skizziert hat. Ogden als Kulisse ist selbst bereits ein Leinwandstar. Über 140 Filme und Serien wurden in der Kleinstadt gedreht, unter anderem „Ein Hauch von Himmel“, „Everwood“, „Yellowstone“ oder „Love me like ycu do – Aus Schicksal wird Liebe“.

Im Ogden Christmas Village erleuchten jedes Jahr über 700.000 Lichter die Weihnachtszeit – ein wirklich eindrucksvolles Winter Wonderland.

Reise-Informationen: visitogden.com

Union Station in Ogden

Ogden Valley Balloon Artist Festival

23. Park City

Summit County | 8504 Einwohner

Die historische Silberbergbaugemeinde liegt an der Ostseite der Wasatch Mountains und ist innerhalb von 40 Minuten vom Salt Lake City International Airport erreichbar. Weltweit wird Park City heutzutage oft als „America's Favorite Mountain Town" bezeichnet. Warum das so ist? Werfen wir einen Blick darauf!

Sommerzeit in Park City

In den 1860er-Jahren brachte der Fund von Silber in den Bergen Minenarbeiter aus der ganzen Welt nach Park City. In der Hochphase wurden über 400 Millionen US-Dollar erzielt – sowie 23 Millionäre „geboren". Darunter der Vater des amerikanischen Verlegers und Medien-Tycoons William Randolph Hearst. 1947 wurde die Stadt Park City gegründet. Wie gut, dass die ersten Bewohner Gefallen an Skifahren in den nahen Bergen hatten und sich ab 1930 eine Art erster Wintersport-Tourismus abzeichnete. Denn bereits in den 1950er-Jahren kam der Silberabbau zum Stillstand und Park City verkam zwischenzeitlich fast zu einer Geisterstadt.

Info
Augen auf nach den Ringen, Symbolen, Flaggen und Statuen der Olympischen Winterspiele 2002 in Park City mit seinen fünf Austragungsorten!

Anlässlich der Olympischen Winterspiele 2002 von Salt Lake City wurde Park City eine der Wettkampfstätten. Fast alle alpinen Rennen fanden unter dem 3047 Meter hohen Jupiter Peak statt. Während zur Eröffnung des Skigebietes 1963 die ersten Sportler noch in einem alten Förderzug durch einen düsteren Minentunnel auf den Berg gebracht wurden, erschließt heute ein modernes Liftsystem die exklusiven Pisten und Skihänge. International berühmt ist es für seine zwei Skigebiete Park City Mountain und Deer Valley Resort mit 62 Liften, 400 Pisten und erstklassigen Restaurants sowie Luxus-Hotels.

Winterwonderland Park City

Info
Nachhaltig: Park City bietet einen kostenlosen, mit Biodiesel und Elektrobussen angetrieben Shuttle-Service zu Resorts, Restaurants und Geschäften sowie einen Sightseeing-Bus an.

EINIGE HIGHLIGHTS

- **Historic Main Street** im pastellfarbenen Old-West-Style mit über 150 Geschäften, Cafés und exquisiten Galerien

- **Egyptian Theatre:** Kulisse für das renommierte Sundance Film Festival sowie andere Events der Kultur- und Kunstszene, 328 Main Street

- **Park City Museum** mit originalem Gefängnis im Keller, 528 Main Street

- **Utah Olympic Park:** Sport- und Freizeitpark, in dem Wettkämpfe der Olympischen Winterspiele 2002 ausgetragen wurden. Hier befinden sich auf 2237 Meter Höhe die höchstgelegenen Wettkampfschanzen der Welt, 3419 Olympic Parkway

- **High West Distillery:** Ob Whiskey, Bourbon oder Co. – in der Destillerie kann man in urigem Interior eines Stadthauses aus dem Jahr 1907 edle Tropfen probieren. Im Winter sogar als Ski-In-Ski-Out, da direkt am Fuße vom Park City Mountain Resort gelegen.

- **Shopping:** Outlets Park City, 6699 N Landmark Drive

Tipp

Abendritual!

„Champagner: Nach dem Sieg verdient man ihn; nach der Niederlage braucht man ihn." Zurückgehend auf die Zeremonie von Napoleon Bonaparte bei Schlachten wird jeden Winterabend um 17:30 Uhr in der St. Regis Mountain Terrace gratis ein Glas Champagner serviert.

ARTSY PARK CITY

Unbekannt für die meisten Besucher, beherbergt Park City mehrere Straßenkunstwerke von einem der berühmtesten – und anonymen – Straßenkünstler der Welt.

Banksy-Mural an der Main Street

Es ist 2010. Das jährliche Sundance Film Festival bringt das begleitende Spektakel und die Spannung mit sich. Unter den Filmen: „Exit Through the Gift Shop", eine Straßenkunst-Dokumentation unter der Regie des Graffiti-Künstlers Banksy.

Als der Morgen in der überquellenden Bergstadt anbricht, ist etwas anders. Etwas ist neu. Bis zu sieben Werke von Banksy erscheinen in der Stadt. Einige, wie Banksys Name, der über einer Scheune geschrieben steht, werden schnell von den Behörden oder Eigentümern gelöscht. Drei der Werke sind jedoch bis heute erhalten geblieben: Camera Man and Flower (402 Main Street), Praying Boy (537 Main Street), Dirty Rat (328 Main Street).

Reise-Informationen: visitparkcity.com

24. Vernal

Uinta County | 10.370 Einwohner

Vernal liegt im Nord-Osten Utahs an der Grenze zu Colorado sowie Wyoming und ist circa drei Autostunden von Salt Lake City entfernt. In Vernal prägen sowohl die Ölindustrie als auch die Dinosaurier die Geschichte der Stadt: vom ersten Ölboom 1948 bis zur heutigen vorrangigen Nutzung als Erholungsgebiet für Dinosaurier- und Outdoor-Fans. Die Kleinstadt gilt als das Tor zu Utahs „Dinosaurland". Wo einst die Giganten der Urzeit die Region durchstreiften, entdecken heute Besucher die Zeugnisse längst vergangener Zeiten. Aber das Dinosaurland ist auch so viel mehr: Es ist eine Gegend mit dem höchsten Berg Utahs (Kings Peak, 4123 Meter), klaren Seen, großartigen Mountainbike-Strecken, herrlichen Wanderwegen und Wassersport-Abenteuern auf dem Green River.

Utah Field House of Natural History State Park Museum

EINIGE HIGHLIGHTS

- **Utah Field House of Natural History State Park Museum:** Interaktives Museum über die geologische Geschichte von Vernal mit Exponaten sowie einem aktiven Paläontologie-Zentrum, in dem Fossilien vor den Augen der interessierten Besucher präpariert werden, 496 E Main Street

- **Uintah Heritage Museum:** Stellt die Zeit der Pioniere, Indianer und Bergleute, die das Erbe der Gegend um Vernal geprägt haben, dar, 155 E Main Street

- **Vernal Brewing Company:** Herzhafte amerikanische Gerichte wie Burger oder Spare-Ribs samt lokal-gebrautem Feierabendbier, 55 S 500 E

- **Antica Forma:** Familiengeführtes Restaurant mit hausgemachter Pizza, Pasta und einer Vielzahl von Salaten, 251 E Main Street

- **Cold Stone Creamery:** Frisch hergestellte Kuchen, Eis, Joghurt, Sorbet und Shakes. Hier kommen Naschkatzen auf ihre Kosten. Tipp: Eis nach eigenem Wunsch herstellen: „Create Your Own Creation", 1820 West Hwy 40

- **McConkie Ranch Petroglyphs:** Die Dry Fork Canyon Petroglyphs befinden sich nördlich von Vernal auf der McConkie Ranch und sind sehr gut erhalten und einfach zugänglich. Die Gesteinsmalereien der Freemont First Nations erstrecken sich über eine Länge von 60 Metern und stammen aus den Jahren 1 bis 1200 n. Chr. Die Petroglyphen befinden sich auf privatem Grundbesitz. Freier Eintritt und Spendenbox vor Ort, 6228 McConkie Road

- **Nine Mile Canyon:** Der Nine Mile Canyon, der von vielen als die längste Naturkunstgalerie der Welt angesehen wird, ist ein 65 Kilometer langer Canyon, an dessen Felsen Petroglyphen und Piktogramme der Freemont First Nations zu sehen sind. In den 1800er-Jahren wurde der Canyon sowohl von Pelzjägern als auch von der Armee genutzt. Historische Gesteinsbehausungen sowie Überreste von Pionierhäusern erinnern an diejenigen, die den Canyon einst als Heimat bezeichneten.

- **Dinosaur National Monument:** Im Dinosaur National Monument gibt es etwa 2000 Dinosaurierfossilien zu sehen und zu bestaunen. Die ersten Fossilien wurden hier im Jahr 1909 entdeckt. 1915 wurden

Alles Dinosaurier in Vernal!

... auf jeder Staatsstraße zu Utahs Nachbarn in verschiedenen Designs.

80 Hektar zum Schutzgebiet erklärt, im Jahr 1938 flächenmäßig erweitert und als National Monument ernannt, um die Natur sowie die prähistorischen Zeugnisse zu schützen. Neben Dinosaurier-Fossilien und Dinosaurier-Fußabdrücken beherbergt dieser Teil Utahs viele alte Petroglyphen und Piktogramme. Der Park verfügt auch über einen der prächtigsten Sternenhimmel im Beehive State und wurde 2019 als internationaler Dark Sky Park ernannt, der sich perfekt zum Sternegucken eignet.

- **Red Fleet State Park & Red Fleet Reservoir:** Der Red Fleet State Park liegt etwa 16 Kilometer nördlich von Vernal am Utah Highway 191 auf einer Höhe von circa 1700 Metern. Der Name des Parks wurde von drei großen Navajo-Sandsteinfelsen abgeleitet, die wie eine Schiffsflotte aus der Landschaft ragen. Hier können Besucher campen, picknicken, schwimmen, angeln und bootfahren sowie Kajaks, Kanus oder SUPs mieten. Der Red Fleet State Park ist auch bekannt für Hunderte von Dinosaurierspuren, die auf über 200 Millionen Jahre alten, versteinerten Sanddünen zu finden sind. Wacholder, Sa bei, einheimische Gräser und Kakteen dominieren das Gebiet. Der State Park ist die Heimat von Säugetieren wie Kaninchen, Erdhörnchen, Luchsen, Dachsen, Kojoten und Maultierhirschen. Wer Glück hat, sieht Steinadler, die sich auf den umliegenden Sandsteinfelsen sonnen. Andere Vögel sind Elstern, Falken, Berghühner, Ritzelhäher, Geier, Eulen und gelegentlich auch Fischadler. Weißkopfseeadler besuchen die Gegend im Winter.

- **Steinaker State Park:** Der Steinaker State Park ist eine Wüstenoase im Herzen von Utahs Norden. Besucher kommen zum Angeln, Wasserskifahren, Zelten, Picknicken oder Entspannen am Strand. Auf einer Höhe von circa 1680 Metern befindet sich der Park etwa elf Kilometer nördlich von Vernal, abseits des State Highway 191. Die Umgebung fasziniert jeden, der sich für Geologie, Paläontologie oder Archäologie interessiert. Von den höchsten Aussichtspunkten im Park erblickten Sie Millionen von Jahren geologischer Formationen. Die Morrison Formation verläuft entlang des Ostufers des Stausees und entstand vor circa 130 Millionen Jahren während der Jurazeit, als Dinosaurier die Gegend bewohnten.

- **Starvation State Park:** Abgeschieden und friedlich, bietet der Starvation State Park Zugang zu kristallklarem Wasser und fast 40 Kilometer sandiger Küste des Starvation Reservoir. Fischen, Bootfahren oder Wasserskilaufen sowie Campen in der landschaftlichen Idylle machen den Park zu einem idealen Ausflugsziel. Der Starvation State Park liegt in einer Höhe von circa 1740 Metern und befindet sich circa 6,5 Kilometer nordwestlich von Duchesne, direkt am US Highway 40.

- **Fantasy Canyon:** Im Nordosten Utahs gibt es viele interessante Felsformationen, die über Jahrmillionen durch Erosion geformt wurden, aber keine ist so mystisch wie der Fantasy Canyon, der etwa eine Autostunde außerhalb von Vernal liegt. Achten Sie auf die Beschilderung zum Fantasy Canyon und fahren Sie auf einer knapp sieben Kilometer langen, nicht-asphaltierten Straße bis zum Parkplatz. Obwohl er nicht so großflächig ist wie einige der anderen Wüstenattraktionen im Staat, wirken die surreal geformten Felsen, als stammten sie aus einem Science-Fiction-Film. Eine Karte zeigt, wie die Gesteinsformationen über Wanderwege erreicht werden können, und Metallpfosten im Boden helfen Wahrzeichen wie „Flying Witch", „Yawning Lady", „Diving Otter" und „Screaming Man" zu finden. Die Formationen sind teilweise drei Meter hoch, mit spektakulären Türmen, Felsvorsprüngen und Ritzen, die alle durch Erosion geschaffen wurden. Besucher können kurze Wanderungen in den Canyon unternehmen oder eine Pause auf einer verloren wirkenden Rundbank einlegen: Eine Siesta wie auf dem Mars.

Reise-Informationen: dinoland.com

25. Moab

Grand County | 5233 Einwohner

Main Street in Moab

Ob als Ausgangspunkt in die umliegenden Nationalparks oder abenteuerliche Mountainbike-Touren, ob auf den Spuren der Dinosaurier oder Ausflüge auf dem Colorado River: Moab im östlichen Utah ist für Outdoor-Fans ein echtes Paradies. Obendrein glänzt die Kleinstadt mit einem Unterhaltungsangebot, wie man es normalerweise nicht in einem 5000-Einwohner-Ort erwartet.

In erster Linie ist der Wüstenort Moab als „Adventure Capital of Utah" das Tor zum Arches National Park und Canyonlands National Park sowie den Dead Horse Point State Park bekannt. Moab liegt zu allen drei Schutzgebieten strategisch günstig. Ein interessanter Kontrast zu den rot-orangefarbenen Steinformationen in meist trockener Umgebung sind die La Sal Mountains (La Sal Range), die zweithöchste Bergkette Utahs. Neben dem 3877 Meter hohen Mount Peale umfassen sie neun weitere Dreitausender, die auch im Sommer schneebedeckt sind. Über die La Sal Mountain Loop Road sind viele Aussichtspunkte ab Moab in kürzester Zeit erreichbar.

Info

Tom Till, einer der renommiertesten Landschaftsfotografen der USA, lebt in Moab und bietet in seiner Galerie (61 N Main Street) einen Blick auf seine beeindruckenden Werke. Foto-Enthusiasten können in seinen Workshops mit ihm auch gemeinsam auf Tour gehen – sowohl tagsüber als auch nachts.

EINIGE HIGHLIGHTS

- **Downtown Moab:** Herzstück Moabs ist die Main Street mit originellen Geschäften für Kunst, Interior, Deko sowie Galerien, Cafés und Restaurants
- **Moab Museum of Film and Western Heritage:** Zeitreise zu den in und um Moab gedrehten Kinofilmen wie „Rio Grande", „Der Mann mit den goldenen Colts" und „Thelma and Louise" in der Red Cliffs Lodge
- **Colorado River:** SUP, Rafting, Kajak- oder Kanufahren mit Schwierigkeitsgraden für Einsteiger bis Profi
- **Corona Arch und Wilson Arch:** Höchst lohnenswerter Fotostopp an zwei Steinbögen in der Nähe der Stadt und außerhalb der beiden Nationalparks
- **Für Mutige – Hell's Revenge Trail:** Geführte Tour (4x4) auf zwölf Kilometer Länge in der Sand Flats Recreation Area über Navajo-Sandstein und Slickrock mit steilen Anstiegen und tiefen Abfahrten sowie durch Wasserbecken

Moab Music Festival in der Colorado River Wilderness Grotto

Idyllisch gelegen – Corona Arch

- **Wein & Bier:** Castle Creek Winery und Spanish Valley Vineyards & Winery sowie The Moab Brewery

- **Stargazing-Tipp:** Besuch der Ranger-Programme im Arches National Park (seit 2019 zertifizierter Dark Sky Park) zur Beobachtung des nächtlichen Sternenhimmels oder Glamping („Under Canvas® Moab“)

- **Scenic Byways:** Gleich drei Panoramastraßen umgeben Moab und laden zum Staunen aus dem Autofenster ein:
  - Upper Colorado River Scenic Byway (U-128), ca. 70,8 Kilometer;
  - Potash-Lower Colorado River Scenic Byway (U-279), ca. 27,4 Kilometer;

- Dead Horse Point Mesa Scenic Byway (U-313), ca. 65,3 Kilometer

In Kanab gibt es wirklich keinen Grund für Langeweile!

Reise-Informationen: discovermoab.com

> **Info**
> **Do It Like A Local**
> Discover Moab, das regionale Touristinformationsbüro, hat eine Kampagne initiiert, in dem Einheimische ihr Moab vorstellen und Besuchern zahlreiche Tipps zum Entdecken mit auf den Weg geben. Infos: doitlikeamoablocal.com

26. Kanab

Kane County | 4798 Einwohner

„Abra Kanabra" – so werden Besucher bei der Einfahrt in den Ort mitten im südlichen Utah begrüßt. Zu Recht: Denn in der zunächst unscheinbar wirkenden 150 Jahre (2020) alten Kleinstadt verstecken sich wirklich zauberhafte Überraschungen.

Kaum jemand würde auf den ersten Blick vermuten, dass in dieser Kulisse seit 1920 über hundert Kinofilme und Serien ihren Ursprung

Bird-Eye-View auf Kanab

fanden. Der als „Little Hollywood" bekannte Ort mit dem gleichnamigen Museum hat schon einige prominente Schauspieler wie Mel Gibson, Patrick Swayze, Jodie Foster, John Goodman und Nicolas Cage beherbergt.

Kanab bietet aber neben legendärer Filmgeschichte auch die perfekte Ausgangslage für Ausflüge in das südliche Utah: Bryce Canyon und Zion National Park, der Coral Pink Sand Dunes State Park, das Grand Staircase-Escalante National Monument und der Dixie National Forest. Die Liste wäre gefühlt unendlich weiterzuführen – auch

Hoch hinaus: Heißluftballons über den Vermilion Cliffs

mit nahen Attraktionen im Nachbarstaat Arizona.

EINIGE HIGHLIGHTS

- **Sand Cave & Moqui Cave:** Einfach dem Highway 89 ca. 10 km nach Norden fahren, etwas wandern – und Ausblicke durch einzigartige Höhlenfenster genießen

- **Best Friends Animal Sanctuary:** Auf dem Rückweg in die Stadt lohnt sich ein Halt im Best Friends Animal Sanctuary, dem größten No Kill-Tierheim der USA, in dem rund 1600 Tiere leben. Bei einem All-you-can-eat-Buffet, was selbstverständlich vegetarisch oder wahlweise vegan ist, können sich Besucher über die Arbeit vor Ort informieren und im Anschluss eine Tour zu den Vierbeinern unternehmen.

Eagle Gate Arch bei Kanab

Filmreif: Ruinen des Kanab Movie Fort

- **Eagle Gate Arch:** Gewaltiger Steinbogen nordöstlich von Kanab im Johnson Canyon

- **Kulinarisch:** z.B. Sego Restaurant – oder einfach bei einem Eis & Milchshake in der Hand das quirlige Treiben in Kanabs Downtown beobachten

- **S'Mores and Stars:** Schmackhafte Marshmallows mit geschmolzener Schokolade zwischen zwei Crackern am Lagerfeuer eines Old Movie Fort (via örtl. Touranbieter)

- **Parry Lodge:** Malerisches Hotel, wo einstige Filmstars wie John Wayne, Dean Martin & Co. während ihrer Dreharbeiten lebten

- **Deutsche Brot- und Backkultur:** Typisch heimische Köstlichkeiten gibt es in der Forscher German Bakery & Restaurant im etwa 34 km entfernten Orderville

In Kanab gibt es wirklich keinen Grund für Langeweile!

Reise-Informationen: visitsouthernutah.com

27. St. George

Washington County | 84.405 Einwohner

St. George ist Standort des Dixie State College of Utah mit einem quirligen Campus von über 9950 Studenten – und besonders beliebt als Ausgangspunkt für atemberaubende Outdoor-Abenteuer im südlichen Utah. Vor den Toren der einzigen Stadt in der gesamten Südhälfte des Bundesstaates mit mehr als 10.000 Einwohnern liegt das Red Cliffs Desert Reserve mit gleich zwei State Parks – dem Sand Hollow State Park sowie dem Snow Canyon State Park. Ein weiterer State Park, der Gunlock State Park, liegt nordwestlich der Stadt und lädt rund um das Gunlock Reservoir zu Wassersportaktivitäten ein. Wer sich wundert, von der Kulisse des Snow Canyon State Park schon einmal an anderer Stelle gehört zu haben: Die US-Sängerin Katy Perry hat hier ihr Musik-Video zum Hit „Rise" (2016) aufgenommen. Darüber hinaus verewigte sich auch Hollywood mit Filmen wie unter anderem „Jeremiah Johnson" oder „Butch Cassidy and the Sundance Kid".

St. George

Info
Der Snow Canyon State Park, seit 1962 für die Öffentlichkeit zugänglich, hieß ursprünglich Dixie State Park und wurde umbenannt zu Ehren von Lorenzo und Erastus Snow – zwei Brüder unter den ersten Siedlern und einflussreiche Mitglieder der „Kirche Jesu Christi der Heiligen der Letzten Tage".

Knapp eine Autostunde Richtung Nordosten sind es von St. George bis zum Zion National Park – und zwei nach Südwesten in die Glitzermetropole Las Vegas im Nachbarstaat. Womit St. George außerdem punktet? Die vom Wetter verwöhnte Stadt mit über 300 Sonnentagen ist idealer Ausgangspunkt für Golf: Innerhalb eines Radius von 30 Kilometern stehen 13 erstklassige Golfplätze zur Verfügung.

1854 gründete die „The Church of Jesus Christ of Latter-day Saints" (LDS, Kirche Jesu Christi der Heiligen der Letzten Tage) eine Mission in Santa Clara, zwei Meilen nordwestlich des heutigen St. George. Im Oktober 1861 riefen Kirchenführer 309 Familien auf, die Cotton Mission zu gründen. Nach dem Ausbruch des Bürgerkriegs im selben Jahr hielt es der Kirchenpräsident der LDS, Brigham Young, für notwendig, Baumwolle anzubauen. Viele dieser Pionier-Familien stammten aus dem Süden und besaßen die notwendigen Fähigkeiten. Als Hommage an den Spitznamen ihrer ehemaligen Heimat nannten diese Siedler die Region „Utah's Dixie".

St. George wurde zu Ehren des mormonischen Apostels George A. Smith, auch bekannt als „Potato Saint", benannt. Hintergrund: Er forderte die ersten Siedler auf, ungeschälte Kartoffeln zu essen, um Skorbut zu heilen. Die ersten Jahre in St. George erwiesen sich für die frühen Bewohner aufgrund von Überschwemmungen, Wassermangel und sengender Sommerhitze als schwierig. Eine der ersten Baumwollfabriken produzierte rund 50 Jahre lang weiter, aber insgesamt erwies sich Baumwolle als erfolgloses Unterfangen. Heute ist St. George die achtgrößte Stadt in Utah. In der Metropolregion leben fast 120.000 Menschen.

EINIGE HIGHLIGHTS

- **Snow Canyon State Park:** Mit Dünen, Lava-Felsen und vielen Trails (über 60 Kilometer Gesamtlänge) gesäumte Landschaft inklusive einem Slot Canyon (via Jenny's Canyon) sowie Schlackenkegel (amerik. = Cinder Cone) ideal für Wandern, Tier- und Pflanzenbeobachtung, MTB, Fotografie, Reiten oder Camping

- **Sand Hollow State Park:** Unglaubliche rote Sanddünen wechseln sich mit mehreren Seen ab

- **Candy Cliffs:** Sandsteinfelsen entlang der Südkante des Felsplateaus Yant Flat mit einzigartigen Strukturen und Farben

- **Quail Creek State Park:** Frische Abkühlung beim Baden, Angeln, Bootfahren – auch Camping möglich

- **Architektonischer Blickfang:** St. George Utah Temple

- **George's Corner Restaurant & Pub:** Bedeutende Restaurant-Geschichte seit den 1930er Jahren und durch seine Lage am früheren einzigen Stopp der Greyhound-Buslinie in der Region

- **Broadway-Musicals & Konzerte:** Show-Besuch mit Programm für Groß und Klein im Open-Air-Amphitheater "Tuacahn Center for the Arts" im Padre Canyon

- **Kayenta Art Village:** Künstler-Kleinod mit renommierten Galerien, exklusiven Werken und originellen Restaurants im nahen Ivins

- **Dinosaurier-Fossilien:** Auf Spurensuche im St. George Dinosaur Discovery Site at Johnson Farm

- **MTB/Biking:** Anasazi Trail (Anfänger) oder Gooseberry Mesa (Profis)

- **Santa Clara:** Abstecher in die nahe Kleinstadt mit Schweizer Charme durch erste Siedler aus dem Alpenland

- **Abschlag auf einem Green:** u.a. St. George Golf Club, Entrada at Snow Canyon Country Club, Sand Hollow Resort, The Ledges Golf Club, Red Hills Golf Course, Conestoga Golf Club – Mesquite

- **Event-Highlights:** St. George Art Festival: Easter Car Show; DOCUTAH – Filmfestival für unabhängige Dokumentationen; Santa Clara Swiss Days; Red Bull Rampage Mountain Bike Competition; Dickens Festival

Info
St. George hat einen Flughafen, den St. George Regional Airport (SGU), mit täglichen Verbindungen ab/bis u. a. Salt Lake City, Denver, Las Vegas, Los Angeles und Phoenix.

Reise-Informationen: greaterzion.com

Wie auf einem anderen Planeten – die Yant Flats bei St. George

28. Cedar City

Iron County I 28.867 Einwohner

Blick vom Point Supreme auf das Cedar Breaks National Monument

Sie wird als die „Festival City USA" bezeichnet – mit einem das ganze Jahr über gut gefüllten Kalender an Kunst-Events in jeder Form. Angeführt wird die Liste aber durch das renommierte und mit einem Tony Award ausgezeichnete Utah Shakespeare Festival. Gleich in der Nähe der quirligen Universitätsstadt locken der Dixie National Forest mit Seen und Wasserfällen sowie die leuchtenden Hoodoos des Cedar Breaks National Monument auf über 3000 Metern Höhe. Nicht zu vergessen: Cedar City ist Ausgangspunkt zum einzigen Skigebiet Süd-Utahs, dem Brian Head Resort, wo Wintersportler während der Abfahrten gleichzeitig Red Rocks bestaunen können. Und nur eine bis 1,5 Autostunden sind es bis zum Bryce Canyon sowie Zion National Park. Wer dagegen einen Gang zurückschalten möchte: ab auf's Green im Cedar Ridge Golf Course!

Info

Utah Shakespeare Festival

Auf drei Bühnen des Universitätscampus werden jedes Jahr zwischen Juni und Oktober Werke des weltbekannten Dramatikers und Lyrikers aufgeführt. Gegründet wurde das erstklassige Theaterfestival von Fred Cruikshank Adams (1931 bis 2020) im Jahr 1961, der als junger Assistant Professor an der Universität das Potenzial für qualitativ hochwertiges Theater in der Region erkannte. Tickets: Beverley Center for the Arts der Southern Utah University, bard.org

Szene aus MACBETH auf dem Utah Shakespeare Festival

EINIGE HIGHLIGHTS

- **Cedar City Historic Downtown:** Ausgefallene Restaurants und Cafés, Antiquitäten, Statuen und historische Blickfänge wie der Sakralbau Rock Church
- **Reben- und Hopfensaft:** IG Winery sowie die 2016 gegründete Policy Kings Brewery
- **Kunst:** Cedar City Art Walks von Juni bis September durch das Cedar City Arts Council sowie Final Friday Gallery Strolls jeden letzten Freitag im Monat; Galerie-Hopping von der The Arts Work Gallery zur Artisans Gallery

Cascade Falls

- **Museen:** Frontier Homestead State Park Museum mit Artefakten und Erlebnis-Aktivitäten für die ganze Familie; Southern Utah Museum of Art mit Dauerausstellung des Cedar City Urgesteins und bekannten Landschaftsmalers Jimmie Jones

- **Brian Head & Brian Head Resort:** Stopp im höchsten Ort Utahs mit 83 Einwohnern und Pisten erobern im einzigen Skigebiet Süd-Utahs – Blick auf Red Rocks vom Brian Head auf 3352 Metern Höhe

- **Cedar Breaks National Monument:** Fünf Kilometer weites und 750 Meter tiefes Amphitheater auf 3154 Metern Höhe am Westrand des Markagunt-Plateaus mit einem Felslabyrinth ähnlich dem Bryce Canyon National Park – Stargazing möglich, da seit 2017 auch zertifizierter Dark Sky Park

- **Dixie National Forest:** 8000 Quadratkilometer Misch- und Nadelwald mit kurvenreichen Passagen – aufgrund von extremen Höhenunterschieden und Wetterbedingungen teilweise Straßensperrungen in der kalten Jahreszeit möglich

- **Navajo Lake:** Schmaler See von fünf Kilometern Länge im Dixie National Forest aus erstarrten Lavaströmen mit Trail zu den Pink Cliffs sowie den fotogenen (besonders zur Schneeschmelze)

- **Three Peaks Recreation Area:** MTB-Trails, OHV-Routen und 18-Loch-Golfplatz (Three Peaks Disc Golf Course)

- **Parowan:** Malerische Siedlerstadt rund 30 Kilometer nordöstlich von Cedar City mit 40 erhaltenen originalen Häusern und beeindruckenden Sehenswürdigkeiten

„Stets lächelt Willkomm', Lebewohl geht seufzend."
William Shakespeare

Reise-Informationen: visitcedarcity.com

29. Shopping & Souvenirs

Einkaufen nach Lust und Laune „Made in Utah“

Shop until you drop! Die USA sind eines der Shopping-Paradiese der Welt. Coole Brands mit ausgefallenen Modellen, die es teilweise hierzulande nicht gibt, dazu noch viel günstiger. Nicht ohne Grund fliegen viele Shopaholics jedes Jahr in die USA, denn das Einkaufen macht hier nicht nur richtig Spaß – es lohnt sich. Jeder Ort, der etwas auf sich hält, hat mindestens eine Shopping Mall, einen Marketplace oder eine Galleria. Besonders Outlets und Malls locken mit superlativen Rabatten auf geschätzte Marken. An den Info-Points gibt es oft auf Anfrage zusätzliche Sonderrabatte. Und nicht zu vergessen: der Black Friday nach Thanksgiving. Also, auch wer Utah bereist, dem sei geraten: Lassen Sie Platz in Ihrem Koffer! Ob im urbanen Herzen Salt Lake Citys oder in den Small Towns: Im Beehive State wird jeder fündig.

Shopping-Tipp!
In den USA werden Waren stets mit dem Nettopreis ausgeschrieben. Das bedeutet, die „Sales Tax“ – in Utah 4,7 bis 8,7 Prozent – kommt beim Bezahlen noch hinzu. Smart Shopping: Halten Sie Ausschau nach Factory Outlets (Outlet-Center), Sales-Aktionen (um Nationalfeiertage herum) und Coupons (Flyer, Coupon-Books)!

SHOPPING

- **Salt Lake City:** City Creek Center, The Gateway
- **Park City:** Outlets Park City
- **Sandy:** The Shops at South Town, Utahs größte Mall mit über 100 Geschäften, Kinderspielland, Restaurants und Entertainment
- **Farmington:** Station Park
- **St. George:** The Shops At Zion, Red Cliffs Mall

Wenn Sie die Großstadt oder die kleineren Städte und Dörfer besuchen, achten Sie immer darauf, auch die kleineren Geschäfte mit einzigartigen „Pretty Little Things Made in Utah" für sich selbst oder die Liebsten zu Hause zu besuchen. Planen Sie also zusätzliche Zeit ein, um Einheimische zu treffen und vor Ort einzukaufen – getreu dem Motto: Local First!

Galerie-Hopping

Info

Play-Time!

Kleinstädte sammeln und gegen Großstädte tauschen, dazu etwas Schneefall oder Mountainbiken. Bereit für Utah-Opoly? (Marke: Late for the Sky)

Shopping in Monticello

SOUVENIRS

Wer freut sich nicht über etwas „Utah für zu Hause aus Utah" – da bieten sich neben den eigenen Erinnerungen sowie Nationalpark-Mitbringseln, Keramik und Kunsthandwerk aus Naturmaterialien ebenfalls an:

- **Salz:** Real Salt, Redmond
- **Utah-Branded Hoodies, T-Shirts, Beanies & Schmuck:** The Salt Project, Utah Is Rad
- **Lederwaren von A-Z:** Rustico
- **Schokolade:** Ritual Chocolate, Park City; Amano Artisan Chocolate, Orem; Utah Truffles, Heber City
- **Marmelade:** Butcher's Bunches, Logan

- **Alles rund um Honig:** Bees Brothers, Logan; Miller's Honey, Salt Lake City
- **Chips:** Rico Brand and Chips, Salt Lake City
- **Süßigkeiten:** Taffy Town Candies, West Jordan
- **Gin:** Beehive Distilling, Salt Lake City
- **Kaffee:** Publik Coffee Roasters, Salt Lake City
- **Lotions, Öle, Crèmes:** Alkimme
- **Farbenfrohe Steine und Schmuck:** Nature's Showcase, Kanab

Info
Im Utah Market (Terminal 2, Concourse C) am Salt Lake City International Airport gibt es eine kleine Auswahl an „Made in Utah" für alle Last-Minute-Shopper!

Caputo's in Salt Lake City

30. Kulinarisches Utah

Urlaub und gutes Essen gehören einfach zusammen, und in Utah werden Sie von der kulinarischen Vielfalt überrascht sein. Honig, Himbeeren, Melone, spanische Zwiebel, Mais, Wacholder, Salbei, Thymian, Chilli, Heirloom-Tomaten, Forelle, Bison, Elch sowie lokal-gewonnenes Salz stehen auf der Liste der landestypischen Zutaten. Die traditionelle Küche des mittleren Westens ist in Utah ebenso zu finden wie modern-amerikanische Interpretationen.

The Bluebird Restaurant

Salt Lake City wurde 2014 vom Magazin Wine Enthusiast Magazin unter die „America's Five New Foodie Cities" gewählt. Im Norden gelten Park City, Ogden und Logan als kulinarische Geheimtipps, aber auch im südlichen Utah gibt es mittlerweile so viel mehr als nur Burger & Fries. Kleinstadt-Perlen wie Kanab, Springdale und Moab haben sich zu kulinarischen Hotspots entwickelt. Lokale Brauereien und Destillerien runden das geschmackliche Erlebnis in Utah ab (siehe Seite 142).

LOCAL'S FAVORITE RESTAURANTS:

- **Park City:** Tupelo, HSL, Firewood
- **Ogden:** Hearth on 25th, Brixton's, Slackwater
- **Logan:** Le Nonne, Elements Restaurant, Herms Inn
- **Kanab:** Sego Restaurant, Rocking V Cafe, Wild Thyme Café
- **Moab:** Eklecticafe, Desert Bistro, La Sal House
- **Springdale:** King's Landing Bistro, Switchback Grille, Oscar's Cafe

Angerichtet: Fine Dining im Sego

Der „Dutch Oven" steht offiziell seit 1997 als charakteristisches Symbol für die Küche Utahs, denn die gusseisernen Töpfe gehörten zu den wertvollsten Besitztümern der frühen Pioniere, Bergleute und Siedler. Die Dutch Ovens wurden zum Backen, Braten, Kochen, Schmoren, Frittieren, Garen, Dämpfen und für andere Kochmethoden am Lagerfeuer verwendet. Auf mobilen Kochwagen, sogenannten „Chuck Wagons", wurden mehrere der gusseisernen Töpfe genutzt, um Speisen zuzubereiten. Ein traditionelles Dutch Oven & Chuck Wagon Dinner können Sie auf Ihrer Reise durch Utah z. B. bei Rocky Mountain Outfitters in Midway buchen.

Auch auf das traditionelle „American Barbeque" können Sie sich in Utah freuen, wie etwa bei Holy Smoke BBQ & Grill (Lehi), R&R BBQ (Salt Lake City), Spitfire Smokehouse (Moab), Torrey Grill & BBQ (Torrey) und idk barbeque (Tropic).

Ein Erlebnis der ganz besonderen Art bietet Wilderness Access Outfitters im Heber Valley: Im Winter geht es mit Schneeschuhen durch die verschneiten Berge bis zu einer vorgeheizten Jurte, in der ein warmes, köstliches Vier-Gänge-Menü serviert wird. Am

lodernden Lagerfeuer werden Marshmallows und „S´Mores" gegessen, und weit draußen in der Natur hat man einen fantastischen Blick auf den funkelnden Sternenhimmel.

FUN FACT

Er ist grün, wackelt und ist klarer Favorit in Utah, wenn es um Desserts geht. Die Götterspeise Jell-O ist nicht nur offizieller Staats-Snack. Die Metropole Salt Lake City weist darüber hinaus den größten Verbrauch pro Einwohner in den USA aus.

KULINARISCHE STOPPS AUF EINEM UTAH ROAD TRIP:

- **Forscher German Bakery & Restaurant, Orderville:** Wenn Sie die deutsche Backkunst vermissen, sollten Sie einen Halt bei Forscher in Orderville auf der Fahrt zwischen Zion und Bryce Canyon National Park einlegen.

- **Mesa Farm Market, Torrey:** Klein und regional – das ist das Motto von Eigentümer Randy, der eigene Bioprodukte, selbst gemachten Ziegenkäse und selbst gebackene Cinnamon Buns zubereitet. Als Frühstück oder Lunch-Stopp perfekt geeignet.

- **Tony Caputo's Gourmet Food Market & Deli sowie Liberty Heights Fresh, Salt Lake City:** Bieten das Beste an regionalen, angesagten Lebensmitteln wie „Amano Artesan Chocolate" an.

- **River Rock Roasting Café, La Verkin:** Idealer Stopp zwischen dem Zion National Park und St. George oder Las Vegas. Leckerer Kaffee und hochwertige Speisen kann man hier mit traumhaft-weitem Blick von der Terrasse genießen.

- **Blue Bird Candy, Logan:** Köstliche handgefertigte Schokolade, die im Mund dahinschmilzt.

- **Heber Valley Artisan Cheese, Midway (Kohler Creamery):** Die Schweizer Einwanderer im Heber Valley haben auch die lokale Käseproduktion maßgeblich beeinflusst.

- **Zipz, Garden City:** In Garden City gibt es die besten Himbeer-Milchshakes. Aber um aus der Masse herauszustechen, serviert Besitzer Rob seinen „Least Famous Raspberry Shake" im hippen Retro-Ambiente.

Hereinspaziert!

- **Cordwood Restaurant, Zion Mountain Ranch:** Dinieren mit einer Bisonherde vor dem Fenster und Farm-to-Table-Menü.

- **Wein in Utah?** Die IG Winery (Cedar City), Spanish Valley Vineyard & Winery (Moab) oder The Hive Winery & Brandy Company (Layton) bieten erstklassige Weine und Verkostungen an.

The Ginger Kick: Cocktail-Rezept mit Utah-Gin

Zutaten:

- 2 Unzen Jack Rabbit Gin (oder handelsüblicher Gin)
- 1 Unze frischer Limettensaft
- 1/2 Unze einfacher Zuckersirup
- 2 Scheiben frische Ingwerwurzel
- 1 sehr dünne Scheibe Habanero-Chili
- 1 dünne Scheibe frische Ingwerwurzel zum Garnieren

Zubereitung: Habanero-Chili und Ingwer in einem Cocktail-Shaker mischen. Gin, Limettensaft, einfachen Sirup und Eis hinzufügen. Gut schütteln. In ein Cocktailglas geben. Mit der dünnen Scheibe Ingwer auf einem Zahnstocher garnieren.

31. Breweries & Distilleries

Après-Ski im Solitude Ski Resort

Utah und Alkohol – passt das zusammen? Sehr gut sogar! Entgegen dem Klischee über Utah als „Dry State", in dem Alkohol verboten ist, herrscht insbesondere in Salt Lake City eine lebendige Gastro- und Nightlife-Szene. Nicht nur in Utahs Hauptstadt, sondern auch in Moab, Springdale, St. George oder Vernal finden Reisende lokale Kleinbrauereien, die im Zuge des Craft-Bier-Trends handgefertigte Biersorten in kleinen Auflagen brauen. Heraus kommen dabei Biere mit individuellen und teils experimentellen Geschmacksnoten und verrückten Namen wie „Polygamy Porter" (Wasatch Brewery), „Clear Daze" (Uinta Brewing Company), „Desert Select Scotch Ale" (Moab Brewery), „Black Widow Lager" (Roosters Brewing) oder „Big Bad Babtista" (Epic Brewing). Die in Utah ansässigen Brauereien werden jährlich mit begehrten Auszeichnungen des Great American Beer Festival (GABF) ausgezeichnet.

Auch die Destillerie-Szene wächst stetig mit innovativen Konzepten und Geschmacksrichtungen. Direkt am Skihang liegt zum Beispiel die renommierte High West Distillery, die selbst ernannte Ski-In-Ski-Out-Distillery. In der New World Distillery in der Nähe von Ogden wird ein im Fass gereifter, bernsteinfarbener Gin hergestellt (New World Distillery Uncharted Series).

Besonders in Salt Lake City lohnt ein Besuch der hippen Bars und Restaurants wie Whiskey Street, Copper Common, Under Current, The Red Door sowie Bar-X oder Beer Bar von US-Schauspieler Ty Burrell. „Speakeasy Bars", in denen in der Zeit der amerikanischen Prohibition (1920 bis 1933) illegal Alkohol in Kellerräumen ausgeschenkt wurde, feiern heute ihr Revival. Beliebte Locations sind heute Bodega, Bourbon House oder The Rest. Historisches Highlight: The Shooting Star Saloon in Hanksville ist der älteste Saloon der USA westlich des Mississippi seit Gründung 1879.

Info
Der Salt Lake Brewery Pass zum Download auf das Handy, inklusive selbst geführter Brauereitour, ermöglicht eine feuchtfröhliche Art und Weise, die Stadt und besonders ihre zahlreichen Kleinbrauereien und Bars kennenzulernen (ab circa 15 USD).

DESTILLERIEN

- **High West Distillery, Wanship/Park City & Salt Lake City:** Als erste lizenzierte Destillerie in Utah seit der Prohibition setzt High West auch heute noch die Standards für Whiskey, moderne Whiskey-Sorten und Wodka in Utah mit mehreren nationalen Auszeichnungen. Auf zum Brunch, Dinner oder einer Tour durch die Destillerie!

- **New World Distillery, Eden/Ogden:** In der kleinen Ortschaft Eden bei Ogden liegt die New World Distillery, deren Eigentümer und Destillateur sein Handwerk in den Niederlanden gelernt hat. Zu Hause in Utah stellt er Whiskey, Wodka, Gin, Agaven-Schnaps und Likör mit dem gewissen Extra her.

Whiskey-Genuss ...

- **Alpine Distilling, Park City:** Die moderne Destillerie, gegründet im Jahr 2016, produziert Premium-Spirituosen für all diejenigen, die sich vom Lebensstil von Park City in den Bergen angezogen fühlen. Hergestellt werden Likör, Gin, Bourbon, Whiskey und Wodka.

- **Beehive Distilling, Salt Lake City:** Die Destillerie ist berühmt-berüchtigt durch den „Jack Rabbit Gin" mit seiner ungewöhnlichen Salbei-Note. Im Sortiment sind außerdem ein fassgereifter Gin im handgefertigten französischen Eichenfass sowie ein fein-milder Bio-Wodka.

- **Sugar House Distillery, Salt Lake City:** Preisgekrönt und im hipper Stadtteil Sugar House gelegen, startete die gleichnamige Destillerie 2014 mit dem ersten Wodka und erweiterte die Destillation in den Folgejahren um Malt Whiskey, Bourbon sowie weißen und braunen Rum.

BRAUEREIEN

- **Fisher Brewing Company, Salt Lake City:** Gemeinschaftsbrauerei und Pub, in dem Bier, Lager und amerikanische Speisen serviert werden. 1884 eröffnete Albert Fisher die A. Fisher Brewing Co. in Salt Lake City. Bis weit ins 20. Jahrhundert hinein blieb sie eine der größten Brauereien Utahs. 133 Jahre später hat Alberts Ururgroßenkel Tom Riemondy das Familienunternehmen wiederbelebt und die Fisher Brewing Co. wieder eröffnet.

- **Hopkins Brewing Company, Salt Lake City:** Gründer Chad Hopkins braut seit vielen Jahren selbst und perfektioniert seine Rezepte. Zum frisch gebrauten Bier gibt es eine ausgewählte Speisekarte.

- **Moab Brewing Company, Moab:** Mikrobrauerei für Bier und India Pale Ales samt amerikanischem Restaurant und Biergarten, Bar und Merchandise-Shop, Locals Favorite.

- **Proper Brewing Co., Salt Lake City:** International-inspirierte Craft-Biere sowie herzhaftes amerikanisches Essen mit veganen Optionen.

... in der High West Distillery in Park City

- **Red Rock Brewing Co., Salt Lake City:** Lebhaftes Brauhaus mit Bieren und ausgezeichneter modern-amerikanischer Küche in einem industriell-schicken Ambiente.

- **Roosters Brewing Company & Restaurant, Layton:** Beliebter BrewPub mit einzigartigen Biersorten (wie z. B. Black Widow Lager) und amerikanischen Speisen.

- **Silver Reef Brewing Co., St. George:** Craft-Bier-Brauerei und Biergarten.

- **Squatters Pub, Salt Lake City:** Seit 25 Jahren im Geschäft und das Flaggschiff der Kleinbrauerei-Kette mit saisonalen und ganzjährigen preisgekrönten Biersorten sowie herzhaften amerikanischen Speisen. Das Motto „People, Planet, Profit" verspricht sehr guten Service und die Verwendung von lokalen Produkten.

- **Strap Tank Brewery, Springville & Lehi:** BrewPub mit lokal-bezogenen amerikanischen Food und Craft-Bier in einer ehemaligen Motorradfabrik.

Fasslagerung

- **Talisman Brewing Company, Ogden:** Brauerei mit Events und Food Truck.

- **The Beehive Pub & Grill, Logan:** Lässige Bar und Restaurant mit vielseitiger amerikanischer Speisekarte inklusive lokalem Bier und Rootbeer, Locals Favorite.

- **Uinta Brewing Co., Salt Lake City:** Pub mit lokalen Bieren, herzhaften Speisen sowie Merchandise-Store.

- **UTOG Brewing Company, Ogden:** Brauerei und Restaurant im Herzen Ogdens.

- **Vernal Brewing Company, Vernal:** Im Herzen des Uintah County ist die Vernal Brewing Company eine beliebte lokale Bierbrauerei und Gastropub, Locals Favorite.

- **Wasatch Brewery & Brew Pub, Park City & Salt Lake City:** Benannt nach der Gebirgskette Utahs, Wasatch Front, war die Wasatch Brewery die erste Brauerei im Beehive State, die seit 1986 preisgekrönte Biere mit ungewöhnlichen Namen herstellt (z. B. Polygamy Porter). Herzhaftes Essen in den gemütlichen Brew Pubs in Park City und Salt Lake City runden das Erlebnis ab.

- **Zion Brewing Company, Springdale:** Die erste Kleinbrauerei im Süden Utahs mit herzhaften Gerichten aus lokalen Zutaten. Gemütliche Terrasse mit Blick auf den Zion National Park und zahlreichen Livemusik-Events – ein Favorit unter den Utahns.

Info

Für den Alkoholkonsum in Utah ist das Mindestalter 21 Jahre. Der Reisepass muss als Ausweisdokument vorgelegt werden. Supermärkte in Utah dürfen Getränke mit maximal fünf Prozent Alkoholanteil verkaufen. Alles, was darüber liegt, darf ausschließlich in staatlich kontrollierten Spirituosengeschäften (Liquor Stores) verkauft werden.

32. Filmed in Utah

Vorhang auf für berühmte Drehorte Hollywoods

Es gibt diese Filmmomente, die einem besonders markant in Erinnerung geblieben sind – weil einfach zu spannend, traurig, kultig, kitschig oder abenteuerlich. Solche Augenblicke machen das Leben aus. Oftmals wecken sie den Traum, einmal selbst den Drehort der persönlichen Lieblingsszene genau wie der Protagonist zu besuchen. Spätestens seit der Trilogie „Der Herr der Ringe" hat Film-Tourismus bzw. Jet-Setting rasante Fahrt aufgenommen. Es sind eben nicht nur Reisebücher, Magazine, Blogposts oder Instagram, die die Welt zeigen – und dabei das Reiseherz für neue Ziele entfachen. Teilweise wirkt es so, als seien Filmcrews gerade eben erst abgereist. Zurück zu Utah: Starten wir zunächst mit einem Quiz.

Welcher Blockbuster wurde denn in Utah gedreht?

- Forrest Gump
- Independence Day
- Transformers

Richtige Antwort: Genau, alle drei – und noch viele mehr!

Reisende dürfte beim Entdecken Utahs das vertraute Gefühl begleiten, als wären sie schon einmal im Beehive State unterwegs gewesen. Der Grund ist ganz einfach: Die bizarren Felsformationen, Canyons und Schluchten sowie gewaltigen Berggipfel und mystischen Orte im Nirgendwo sind auch für Regisseure und Filmemacher ein Magnet.

Dreharbeiten an der Old Parry Lodge

Bereits seit Beginn der Western in den 1920er-Jahren ist Utah selbst Filmstar auf Leinwand oder Bildschirm. Bisher wurden für nahezu alle Genres knapp tausend Filme und Serien zwischen Salt Lake City und

John Ford Point im Monument Valley

den fünf Nationalparks im Süden gedreht. Verbindungsstelle zur Filmindustrie und verantwortlich für die Vermarktung des Staates für Film-, Fernseh- und kommerzielle Produktionen ist die Utah Film Commission (UFC).

Info

Maps für eine Utah-Filmtour und Movie-Trailer der bekanntesten Blockbuster auf der Websiter der UFC film.utah.gov anschauen!

Weltweite Reputation in der Branche genießt Utah außerdem durch das renommierte Sundance Film Festival für unabhängige Filmproduktionen. Jedes Jahr Ende Januar verwandelt sich der exklusive Skiort Park City in ein Mekka der visuellen Künste. Mit etwas Glück läuft man dann auf der Main Street im Old-West-Style, die allein für sich schon ein Blickfang ist, auch berühmten Persönlichkeiten in die Arme.

Info

Das Film-Festival wurde jahrelang von Robert Redford geleitet. Er besitzt mit dem Sundance Mountain Resort auch ein eigenes Hotel in Utah mit vielen Fotografien und Anekdoten zu seiner persönlichen und Utahs Filmgeschichte. Pendant für Dokumentationen ist das Festival DOCUTAH.

„KLAPPE UND ACTION“: SCENES & LOCATIONS

Zwei der erfolgreichsten Western sind „Butch Cassidy & The Sundance Kid“ und „Spiel mir das Lied vom Tod“. Gedreht wurde unter anderem im legendären Monument Valley rund um den Highway 163, wo Regisseur John Ford auch „Ringo“ filmte. Nicht zu vergessen, der in einem DeLorean in die Vergangenheit rasende Marty McFly aus „Zurück in die Zukunft III“.

Info

Selfie-Stopp an **Mile Marker 13** – auch bekannt als **Forrest Gump Point**. Nach drei Jahren, zwei Monaten, 14 Tagen und 16 Stunden realisierte Forrest hier „I'm pretty tired. I think I'll go home now“ und beendete plötzlich in dem 1994 gedrehten Oscar-Film seinen Marsch. Ebenfalls Kulisse für: „Easy Rider“, „Doctor Who“ und „Transformers“.
Übernachtungs-Tipp: Goulding's Lodge!

„Forrest Gump“ auf dem Highway 163

Auch Salt Lake City und seine umliegenden Kleinstädte dienten als Schauplätze für zahlreiche Blockbuster. Am Tor 4 des Salt Lake City International Airport verabschiedete sich Jim Carrey alias Lloyd in „Dumm und Dümmer“ schweren Herzens von Mary, die kurze Zeit später ihren Koffer in Halle B2 stehen lässt. Weiterer Spot zum Film: die Smith Apartments (228 S 300 E), deren Fassade als das Zuhause von Lloyd & Harry alias Jeff Daniels dienten. In der East High School (840 S 1300 E) kämpften Zac Efron und Vanessa Hudgens um die Hauptrollen in „High School Musical“. Elle Woods alias Reese Whitherspoon ist die Stufen des Utah State Capitol in „Natürlich blond 2“ hochgestöckelt. Im zwölf Kilometer südlich von Provo gelegenen Payson tanzte Kevin Bacon in „Footloose“ die Kleinstadtidylle auf den Kopf.

In gleich zwei Kino-Hits brilliert Utahs Salzwüste, die surrealen Bonneville Salt Flats: Film ab hier für „Fluch der Karibik – Am Ende der Welt“ sowie „Independance Day“ inklusive Fortsetzung.

Info
Vorsicht in der Salzwüste mit Pkw – unter der Kruste kann es matschig sein. Richtig trocken ist sie meist im August. Beste Foto-Spots von der Straße aus: Rest Area an der Interstate sowie der geteerte Weg zum Bonneville Salt Flats International Speedway.

Gleich um die Ecke, auf dem zehn Minuten entfernten Wendover Airfield (ehemaliges Militärgelände) wurde ebenfalls mit „Hulk“, „Jurassic Park III“ und „Con Air“ Filmgeschichte in Utah geschrieben. Übrigens, auf den Turm aus Letzterem kann man heute noch hochklettern. Rundumblick lohnt sich!

Info
In der Red Cliffs Lodge an der Scenic Route 128 bei Moab nächtigten bereits viele Legenden, wie unter anderem John Wayne. Sehenswert: das hoteleigene Movie Museum.

Weiter geht es nach Moab und Umgebung: Wer kennt sie nicht, die berühmte Schlussszene vom Roadmovie „Thelma & Louise“. Es ist der Fossil Point unterhalb des Dead Horse Point State Park, wo Susan Sarandon und Geena Davis in ihrem 1966er Ford Thunderbird über die Kante schießen. Tom Cruise hing für „Mission Impossible II“ im State Park selbst waghalsig an den Felswänden. James Franco kämpfte in der Biografie des Bergsteigers Aron

Red Cliffs Lodge Movie Museum

Ralston „127 Hours" im Bluejohn Canyon im nahen Canyonlands National Park um sein Leben. Auch Fans vom „Star Trek"-Reboot aus 2009 kommen in Utah auf ihre Kosten: Für den Film wurden sowohl die Stadt als auch das nahe gelegene San Rafael Swell mit dem Three Fingers Canyon genutzt. Zufahrt über die B 7193.

Info
Die Star Trek-Parodie „Galaxy Quest" wurde im nahen Goblin Valley State Park, dem Koboldtal, gedreht. Die Band „The Killers" nahm hier ihr Musikvideo zum Hit „Human" auf!

Im Arches National Park, der aufgrund seiner über 2000 natürlichen Sandsteinbögen beliebt ist, können Fans sich wie Harrison Ford in seiner Paraderolle als „Indy" fühlen. „Indiana Jones und der letzte Kreuzzug" wurde zu großen Teilen in der einzigartigen Landschaft gedreht. Prägnant ist die Szene am Double Arch.

Ganz im Süden des Staates, am und im Lake Powell wurden „Planet der Affen (1968)" sowie „Gravity" gedreht – genauer gesagt an der Padre Bay. Außer dem Lone Rock Beach für „Doctor Who" sind alle Drehorte nur über das Wasser mit Boot erreichbar. Aus der Vogelperspektive dürfte der See vielen Film-Fans durch die Fallschirmszene in „Gefährliche Brandung" mit Patrick Swayze und Keanu Reeves bekannt sein.

Kanab
... ist seit den 1920ern bekannt als Film-Mekka und trägt den Spitznamen „Little Hollywood". In der Parry Lodge logierten die Stars – angefangen von John Wayne über Dean Martin bis Gregory Peck. Den Pool ließ übrigens Frank Sinatra bauen!

... und wer weiß, wer gerade wieder in Utah unterwegs ist. Mark Wahlberg hat „Good Joe Bell" abgedreht und Kevin Costner stand für neue Folgen von „Yellowstone" vor der Kamera.

AUF EIN FILM-DATE IM DRIVE-IN-THEATRE!

Popcorn und Hot Dog, Sonnenuntergang, zirpende Grillen, Sweetheart im Arm: Fertig ist der filmreife Lieblingsmoment. Seit den 1930er-Jahren sind Autokinos der Inbegriff amerikanischer Kultur und Sehnsuchtsort zugleich, auch wenn von über 4000 Mitte der 1950er-Jahre heute nur noch wenige übrig sind. Sechs dieser Drive-In-Theatres begeistern nach wie vor in Utah mit diesem besonderen Erlebnis – Stargazing einmal anders. Vereint mit den Utahns vor den meterhohen Leinwänden bekommt jeder Roadtrip dadurch noch ein „Get Local"-Feeling dazu.

- **Roosevelt:** Roosevelt Echo Drive-In
- **Mount Pleasant:** Basin Drive-In
- **West Valley City:** Redwood Drive-In Theatre
- **Riverdale:** Coleman's Motor Vu Drive-In Theatre
- **Erda:** The Motor Vu Theater
- **Escalante:** Shooting Star RV Resort

Autokino Shooting Star RV Resort

33. Kunst & Kultur

Ein Kaleidoskop von historisch bis hin zu abstrakt

Was versteht man unter Petroglyphen? Es gibt klassische Musik in einer Grotte? Wie schaut es mit Galerie-Hopping aus? Was hat es mit dem „Tree of Utah" auf sich? Banksy war auch in Utah unterwegs? Oder wie heißt das weltbeste unabhängige Filmfestival von Robert Redford? Fragen, die auf den nächsten Seiten ihre Antworten finden.

PETROGLYPHEN

Utahs kulturelle Tradition wurde in ihren Anfängen von indigenen Einflüssen – Anasazi, Ute, Freemont, Paiute oder Hopi – geprägt. In Canyons, unter Felsüberhängen, an steil abfallenden Felswänden oder zwischen großen Steinbrocken und in Höhlen findet man vielerorts in Utah geheimnisvolle und fremdartige Felsgrafiken – sogenannte Petroglyphen und Piktogramme. Manche dieser Felskunstwerke sind isoliert, andere sind als Verbund zu betrachten. Die Deutung ist bis heute nicht präzise zu klären: Oft sind es Szenen aus dem Alltag und Leben wie Tiere, Krieger, Jagd, Familie, übernatürliche Wesen und Götter. Also Augen auf nach den Geschichte erzählenden Artefakten, sie sind im gesamten Beehive State anzutreffen!

> **Info**
> Einzigartige Felsmalereien, z. B. Horsehoe Canyon, Great Gallery Rock Art, Courthouse Wash Rock Art oder Nine Mile Canyon.

DINOSAURIER

Noch vor den Ureinwohnern ließ eine besondere Spezies buchstäblich ihren Fußabdruck in Utah: Vor etwa 150 Millionen Jahren lebten im Bundesstaat nachweislich Dinosaurier, deren Überreste nach und nach umfangreich geborgen werden. Utah zählt weltweit zu den Orten mit der höchsten Konzentration an Knochen. Wer sich fragt, warum manche Steinoberflächen sonderbare Reliefs haben, ist damit seinem ersten Dino-Fossil begegnet. Allein in der Natur beim Wandern & Co. lässt sich von den ausgestorbenen Kolossen viel entdecken. Aber auch viele Museen mit überwältigenden Exponaten und Dino-Parks an originalen Stätten laden zum Eintauchen in die Vergangenheit ein:

- Natural History Museum of Utah
- Dinosaur National Monument & Red Fleet State Park (siehe „Vernal“, Seite 114)
- Cleveland-Lloyd Dinosaur Quarry

Dinosaurier-Fossilien

MUSEEN, MURAL & CO.

- **Utah Museum of Contemporary Art** und Utah Museum of Fine Arts in Salt Lake City

- **Tuacahn Amphitheatre:** Shows und Konzerte internationaler Stars und Produktionen mit den Red Rocks des Padre Canyon (Snow Canyon State Park) im Hintergrund. Ein Erlebnis für alle Sinne.

- **Sundance Film Festival:** Das Filmfest der Welt für Independent Movies jedes Jahr Ende Januar bis Anfang Februar. Kulisse ist das Egyptian Theatre in Park City. Das SFF wurde viele Jahre von Schauspiel-Ikone Robert Redford geleitet. #TheStoryIsUtah

Sundance Film Festival in Park City

- **Moab Music Festival:** Klassische Musik in Symbiose mit der atemberaubenden Colorado River Wilderness Grotto. Das Festival findet jedes Jahr im September an vielen Orten in und rund um Moab statt.

- **Rasperry Days:** Im malerischen Garden City findet jedes Jahr im August ein großes Ernte-Festival der weltberühmten Bear Lake-Himbeeren statt.

- Einer der besten Landschafts-Fotografen der USA – und ein Utahn mit Galerie sowie Workshops in Moab: **Tom Till**

Galerie in Helper

- **Galerien & Art Shops:** Nahezu jeder Ort in Utah hat mindestens eine Galerie oder einen feinen Art Shop mit Werken lokaler Künstler – meist mit Handwerk aus Ton und Holz sowie ausgefallenen Prints, handgefertigtem Schmuck und anderen Pretty Little Things; z. B. Coyote Gulch Art Village in St. George, Galerien in Helper, Joy Craft & Design in Springdale, Moab Made in Moab

- **Murals & Graffitis:** In Hülle und Fülle. Selbst an den ungewöhnlichsten Orten im Nirgendwo Utahs. Der Blick in jede Querstraße oder hinter eine Fabrik lohnt sich. Einfach treiben lassen und auch mal nach oben schauen, denn viele Werke zieren große Fassaden. Für Salt Lake City (Visit Salt Lake) gibt es sogar einen eigenen Instagram-Hashtag, den #muralmonday: Jeden Montag werden News zu Werken oder Künstlern der pulsierenden Street-Art-Szene in der Hauptstadt auf „Visit Salt Lake" gepostet. Viele Murals sind um das The Gateway zu finden. Auch der berühmt-anonyme Banksy hat sich in Utah verewigt – wir empfehlen Fans einen intensiven Streifzug auf Park Citys Main Street bzw. auf Seite 110.

Mural in Salt Lake City

LAND ART

Was haben eine Spirale aus Stein im Wasser, ein paar Sonnentunnel und ein Baum gemeinsam? Antwort: Es sind alles Land-Art-Formationen, die in Utah zu finden sind.

Die Mitte der 1960er-Jahre entstandene Land Art (engl. für Landschaftskunst) kann als bedeutsame Gegenströmung zur Pop Art gesehen werden.

Man schuf gigantische Bauwerke, die in keinem Museum, in keiner Galerie ausgestellt werden konnten, also weder transportabel, käuflich noch dauerhaft waren. Zu Beginn gestatteten die Künstler nicht einmal Foto- oder Filmaufnahmen. Wenn jemand die Kunstwerke sehen wollte, dann musste er sich auf eine innere und äußere Reise

Land Art in den Bonneville Salt Flats

begeben und die Skulptur direkt in der Landschaft, unter freiem Himmel, bei Wind und Wetter mit all seinen Sinnen erleben. Die Kunstwerke wurden nicht wie Objekte in die Landschaft gestellt, nutzten die Landschaft nicht einfach als attraktiven Hintergrund, sondern wurden selbst zur Landschaft.

Spiral Jetty

Es gibt durchaus auch kleinere Land-Art-Kunstwerke; die Ausmaße sind nicht entscheidend, allein die Verortung in der Natur ist von Belang. Wichtig ist auch der Einfluss der Natur auf die Kunstwerke: Oft verändern Witterung und Wachstum der verwendeten Materialien das Kunstwerk. So entstehen Dynamik und Prozesshaftigkeit.

Zwei der bedeutendsten Vertreter der Kunstform mit Spuren in Utah sind das Ehepaar Robert Smithson (1938 bis 1973) und Nancy Holt (1938 bis 2014). Robert Smithsons bekannteste Arbeit ist das monumentale 1970 im Great Salt Lake (Rozel Point) realisierte Werk Spiral Jetty – eine etwa 500 Meter lange und 4,5 Meter breite Spirale aus 6650 Tonnen Steinen und Geröll. Je nach Wasserstand des Sees verschwindet sie und taucht wieder auf – je nach Salzintensität färben Algen das Wasser um sie herum oftmals rot, pink oder orange. Ein Blickfang besonders aus der Vogelperspektive!

Seine Ehefrau Nancy Holt, die sich mit der menschlichen Wahrnehmung von Zeit und Raum, Erde und Himmel, Landschaft und Licht beschäftigte, baute die Sun Tunnels in einem abgelegenen Tal in der Great Basin Desert. Lucin ist ein verlassener Ort im amerikanischen Westen. Seit Jahrzehnten wohnt kein Mensch mehr hier, ringsum nichts als Wüste, ödes Land. Gleich südlich liegt die flachste Ebene der Erde, wo man mit bloßem Auge die Krümmung des Planeten sehen kann.

Ausgerechnet hier, in diesem Niemandsland, fand Holt 1973 den idealen Platz für ihre berühmteste Skulptur, die 1976 fertig gestellt wurde. Die vier Tunnel sind Betonröhren, knapp drei Meter im Durchmesser sowie 5,50 Meter lang und in loser Kreuzform angeordnet. Man kann hindurchschauen und erlebt, je nach Tages- oder Jahreszeit, ein Schauspiel. Kleine Gucklöcher in den Betonwänden zeichnen mit dem einfallenden Licht zudem verschiedene Sternbilder, unter anderem Drache oder Perseus, nach und verstärken den optischen Kontakt mit dem Universum.

„Als ich die Sonnentunnel machte, hat mich der zeitliche Zyklus der Erde interessiert. Alle Tunnel sind am Auf- und Untergang der Sonne ausgerichtet, und zwar jeweils zur Winter- und Sommersonnenwende. In der Wüste verliert man ja schnell die Orientierung. Und wenn man durch die Röhren schaut, kann man sich im Raum orientieren."
Interview von Johannes Halder mit Nancy Holt, Deutschlandfunk Kultur, 2011

Der Tree of Utah ist kein echter Baum. Es handelt sich um eine massive, 27 Meter hohe Skulptur, die über den Bonneville Salt Flats direkt am Highway 80, etwa 40 Kilometer vor Wendover thront. Das hauptsächlich aus Beton gebaute Kunstwerk von Karl Momen (1986) besteht aus einem quadratischen Stamm mit sechs Kugeln, die mit Naturstein und heimischen Mineralien beschichtet sind. Auf einer Plakette sind die Worte von Friedrich Schiller aus „Ode an die Freude" eingraviert. Es wird gesagt, dass Momen die Vision zum Baum während einer gefühlt trostlosen Fahrt durch die Gegend hatte.

Tree of Utah

Kunst & Kultur Events:
nowplayingutah.com

34. The Greatest Snow on Earth®

POWDER-PARADIES UTAH

Wer „The Greatest Snow on Earth®“ auf seine Autokennzeichen schreibt, weckt große Erwartungen. Utah wird ihnen gerecht – mal abgesehen vom wissenschaftlich nachgewiesenen besten Schnee der Welt. Außerdem: 15 erstklassige Skigebiete, von denen zehn weniger als eine Stunde von Salt Lake City entfernt liegen. Weltklasse-Resorts wie Alta Ski Area oder Park City Mountain und Deer Valley Resort, wo zahlreiche Wettkämpfe der Olympischen Winterspiele 2002 stattfanden. Und lebhafte Städtchen mit cooler Restaurant- und Barszene gibt es als Zugabe.

Bluebird Day im Skigebiet Snowbird

WIRKLICH „THE GREATEST SNOW ON EARTH®“?

Klingt wie ein Marketing-Slogan, ist aber fundierte Wissenschaft und für Skifahrer und Snowboarder die Verheißung für einen grandiosen Skiurlaub. Für Powder-Runs ist der US-Bundesstaat Utah unübertroffen. Entscheidend ist die Lage der Resorts in den

Wasatch und Uinta Mountains, zwei Gebirgsketten, die zu den Rocky Mountains gehören. Auf ihrem Weg dorthin verlieren die Schneewolken viel Feuchtigkeit über der Wüste. Die Luft wird immer trockener, die Schneekristalle feiner. Nicht einmal ein Schneeball lässt sich aus dem trocken Powder formen. Kurz vor dem Ziel saugt der große Salzsee, der im Winter nicht zufriert, dann noch einmal Feuchtigkeit aus den Wolken für den letzten Kick. Das Ergebnis: Durchschnittlich 13 bis 14 Meter feinster Pulverschnee pro Saison, in der Saison 2018/19 verzeichneten die Reviere sogar 18 Meter Schnee. Es mag Orte auf der Welt geben mit mehr Schnee und auch welche mit noch mehr Trockenheit. Aber nirgendwo ist das Verhältnis von Qualität und Quantität ausgewogener als in Utah, wo die weiße Pracht recht regelmäßig auf die schneesicheren Höhenlagen zwischen 2100 und 3000 Metern herab rieselt. Perfekt für traumhafte Abfahrten durch federleichten Pulverschnee. „The Greatest Snow on Earth®" eben.

Info

Übrigens: Der 13. Januar gilt statistisch als der Golden Winter Day mit dem höchsten Schneefall im Vergleich zu anderen Wintertagen.

Solitude Ski Resort

35. Utahs Skigebiete

15 Top-Resorts in einem US-Bundesstaat

Jedes Skigebiet allein ist schon eine Reise wert. Ihre Nähe zueinander macht sie noch attraktiver und Utah damit wie geschaffen für abwechslungsreiche Ski-Safaris der kurzen Wege. Dabei haben alle ihren ganz eigenen Charakter. Das Angebot reicht vom Luxus-Resort über familienfreundliche Allrounder bis hin zum Abenteuerspielplatz für Freerider.

Wo kommt es schon vor, dass ein Skigebiet die Kassen-Stationen dicht macht – nicht wegen Überfüllung, sondern damit jeder Gast einen Platz zum Lunch bekommt? In Sachen Service ist das Vorzeige-Resort Deer Valley unerreicht und das Terrain steht dem um nichts nach. Sorgfältig präparierte Pisten wechseln sich mit naturbelassenen Abfahrten fürs Tree-Skiing ab. Einige Hotels liegen mitten im Skigebiet. So geht es fast direkt vom Zimmer aus in den

Utahs 15 Skigebiete auf einen Blick

Powder, wie z. B. in der vom gleichnamigen Olympiasieger gegründeten Stein Eriksen Lodge oder der Montage Deer Valley. Nach einem Abenteuertag im Schnee heißt es dann: Auszeit im Spa. Luxuriöser kann man einen Skiurlaub in Nordamerika nicht verbringen. Wobei die Betonung auf „Ski" liegt: Snowboarder sind im Deer Valley nicht erlaubt.

Blick auf den Bald Mountain im Deer Valley Resort

Die tummeln sich dafür gemeinsam mit den Skifahrern im nur wenige Minuten entfernten Park City Mountain Resort. Seit dem Zusammenschluss mit The Canyons teilt es sich neben Utahs Powder Mountain den Titel als größtes Skigebiet der USA. Eine beachtliche Auferstehung, bedenkt man, dass das ehemalige Minenstädtchen beinahe einmal zu einer Geisterstadt verkommen wäre. Zum Glück löste das weiße Gold auf seinen Hängen eine neue Art von Anziehung wie zu Zeiten des Goldrausches aus. Die Olympischen Spiele 2002 gaben zusätzlich Schwung: Damals rasten die Athleten den 2047 Meter hohen Jupiter Peak hinab – heute stürzen sich Skifahrer und Snowboarder überall im 27 Quadratkilometer großen Resort in den Pulverschnee. Must-Do am Abend: hinein in das aufregende Nachtleben der Stadt. Entlang der historischen Main Street im Old-West-Stil reihen sich Mikrobrauereien, ausgefallene Restaurants und Saloons aneinander. Filmtastisch wird es jedes Jahr Ende Januar – dann hebt sich der rote Vorhang für das Sundance Film Festival.

Park City zum Filmfestival

ALTA, DAS „OUTDOOR-FOTOSTUDIO"

Ein weiterer Powder-Hotspot ist Alta. Nirgendwo gibt es einen spannenderen Mix aus jungen Freeridern und alten Hippies. Nicht aber aus Skifahrern und Snowboardern: Letzteren wird auch hier der Zutritt verwehrt. Ein paar Eindrücke aus dem Resort bekommen sie vermutlich dennoch mit. Alta ist so etwas wie das Outdoor-Mekka für Sportfotografen, die hier Powder-Shots fantastisch in Szene setzen. Gleich neben Alta befindet sich mit Snowbird übrigens ein weiteres grandioses Resort, in dem die Saison länger dauert als irgendwo sonst in Utah.

Info

Einzigartig in Nordamerika: Ein rund 182 Meter langer Tunnel, auch Magic Carpet genannt, verbindet den Peruvian Gulch in Snowbird mit dem Mineral Basin in Alta – bequem kann man so bei jeder Wetterlage zu Hintergrundmusik zwischen den beiden Skigebieten pendeln.

MAGIC CARPET zwischen Alta und Snowbird

Schon diese Auswahl wäre die Erfüllung jeder Skireise. Eine bessere Gelegenheit als in Utah, möglichst viele Gebiete auf einem Trip zu verbinden, wird man aber kaum finden. Wieso also nicht einen Abstecher nach Brighton, Beaver Mountain oder ins Solitude Mountain Resort einplanen! Sie punkten mit vielen Extras für Familien und sind bei den Utahns selbst unheimlich beliebt. Oder nach Snowbasin, das bei Olympia mit den Speed-Disziplinen auf sich aufmerksam gemacht hat. Das Resort gehört einem Öl-Magnaten mit Faible für Utah und gigantische Skihütten inklusive dem gewissen luxuriösen Etwas.

Après-Ski im Hot Tub

CATSKIING FÜR EINE HANDVOLL DOLLAR

Puristischer kommt da schon Powder Mountain daher. Dort gibt es relativ wenig Lifte, dafür aber ein klasse Catskiing-Angebot für wenige Dollar. Die in Nordamerika „Snowcat" genannten Pistenraupen transportieren dort Wintersportler in bequemen Kabinen hinauf zu traumhaften Geländeabfahrten. Man sollte sich in Powder Mountain übrigens nicht wundern, wenn man unterwegs von wildfremden Menschen gegrüßt wird: Auf den oft fast menschenleeren Hängen bekommen sie schließlich nicht allzu oft Gelegenheit dazu. Auch im Sundance Mountain Resort von Filmstar Robert Redford geht es eher ruhig zu. Das Gebiet präsentiert sich herrlich unverfälscht und bietet auch abseits der Pisten viele Möglichkeiten, die Bergwelt zu erkunden. Unbedingt hier die längste Zipline Utahs ausprobieren!

Tipp: Die Liste der Skigebiete in Utah komplettieren die kostengünstigen Resorts Brian Head, Cherry Peak und Eagle Point mit Abfahrten für Einsteiger und Experten sowie das für sein Nachtskifahren bekannte Nordic Valley. Auch in Woodward Park City sind Skifahren und Snowboarden sowie viele weitere Action-Sportarten möglich – das ganze Jahr. Besonders für Familien geeignet!

36. Aktivsein im Schnee

Im Staat der unbegrenzten Schneemöglichkeiten

Was auch immer man sich in Schnee und Eis vorstellen kann – in Utah ist es möglich, von Heli- und Catskiing über Ski-Safaris an einem Tag bis hin zu Alternativen ohne Brettern an den Füßen.

Das Powder-Angebot in Utah ist gigantisch und beim Heliskiing praktisch grenzenlos. Die exklusivste Form des Skifahrens und Snowboardens bietet Powderbird Helicopter Skiing an. Das Unternehmen fliegt seine Gäste von Park City und Snowbird aus hinein in den unberührten Tiefschnee. Auch im Whisper Ridge Backcountry Resort oberhalb von Paradise können Wintersportler mit dem Hubschrauber abheben. Zusätzlich stehen dort acht Pistenraupen für das Catskiing bereit.

Snow Cat Driver

Catskiing ist für diejenigen, die ihre Urlaubskasse schonen, aber nicht auf unvergessliche Powder-Trips verzichten wollen, die erste Wahl. Einzelne Fahrten und Halbtages-Programme zu fairen Preisen gibt es unter anderem in den Resorts von Powder Mountain und Snowbird. Ganztagesprogramme mit ausgezeichnetem Preis-Leistungs-Verhältnis bietet Park City Powder Cats.

Info

Alle Infos rund um das Thema Ski wie Resorts, Pässe, Wetter & Co. gibt es auf skiutah.com.

MUSKELKRAFT STATT PFERDESTÄRKE

Ganz ohne Pferdestärken kommt man auf der Ski Utah Interconnect Tour aus – und trotzdem in den Genuss toller Geländeabfahrten. Dafür ist lediglich Ski und gute Kondition notwendig. Über Pisten und durch das nahezu unberührte Hinterland führen Guides erfahrene Skifahrer an einem Tag zu den sechs Resorts Deer Valley, Park City, Solitude, Brighton, Alta und Snowbird. Eine alternative Route verläuft durch Snowbird, Alta, Brighton und Solitude.

Langläufer zieht es eher ins Sundance Nordic Center oder in das idyllische Heber Valley, wo in Soldier Hollow während der Olympischen Spiele 2002 die nordischen Disziplinen ausgetragen wurden. Olympia-Flair erleben Besucher auch in der Nähe von Park City bei der Fahrt durch den Eiskanal mit einem professionellen Bobpiloten. Ebenfalls rasant geht es auf Snowmobile-Touren wie z. B. in Snowbird zu.

Spaß für die ganze Familie versprechen Utahs größter Alpine Coaster in Park City sowie Snow Tubing, eine Art Schlittenfahren auf aufblasbaren Reifen, in Brian Head und Woodward Park City. Wer eher Entspannung als Action sucht, findet praktisch überall Orte zum Schlittschuhlaufen, Schneeschuhwandern oder Fatbike-Fahren.

Tree Skiing

Utah im Winter muss man erleben. Am besten kombinieren Reisende ihre Schnee-Auszeit mit einem zusätzlichen Besuch der „The Mighty 5®"-Nationalparks im Süden, die ganzjährig geöffnet haben.

Weiteres Highlight: Jedes Jahr werden in Midway, einen idyllischen Skiort im Heber Valley, die Ice Castles errichtet. Es handelt sich dabei um eine illuminierte Eislandschaft, die aus Schnee und viel Kreativität von Neuem entsteht – bis die Saison im wahrsten Sinne des Wortes wieder dahin schmilzt. Sehr romantisch! icecastles.com

Magische Eiskunst: Ice Castles in Midway

Info

Alle Winter-Fakten auf einen Blick

- Öffnungszeiten der 15 Skigebiete: Von Mitte November/Dezember bis Ende März/Anfang April
- Powder Mountain & Park City Mountain Resort, beide in Utah, sind die größten Skigebiete der USA.

- Filmreiches Winter-Getaway: Sundance Mountain Resort von Schauspiellegende Robert Redford mit originellen Kreativ-Workshops für Entspannung abseits der Pisten.
- Ski Only: Im exklusiven Deer Valley Resort sowie Alta ist ausschließlich Skifahren erlaubt, Snowboard ist in allen anderen 13 Skigebieten möglich.
- Olympisch: Die Abfahrtsstrecke der Herren in Snowbasin ist heute noch befahrbar.
- Sechs Skigebiete an einem Tag: Die Interconnect Adventure Tour mit Guide macht es möglich.
- Fünfsternehotels, Lodges, Hütten: Unterkünfte von mondän bis urig und jedes Budget.
- Winterlich übernachten in Jurten wie z. B. der Geyser Pass Yurt in den Lal Sal Mountains.
- Snowbird verfügt über die höchste Liftstation auf 3353 Meter.
- Après-Ski in über 30 Mikrobrauereien und Destillerien – einige wie z. B. die High West Destillery liegen zum Ski-In-Ski-Out direkt an der Piste.
- CO2-Emission: Bis 2030 sollen die Städte rund um Utahs Skigebiete klimaneutral sein.

Ein US-Bundesstaat. 15 Skigebiete. Zehn davon innerhalb von 60 Minuten von Salt Lake City erreichbar. Mehr Zeit und Skispaß auf der Piste. More Mountain Time in Utah!

37. Utah im Fokus

Nützliche Tipps für das perfekte Motiv

Im Fokus: Snow Canyon State Park

Voller Einsatz in den Yant Flats

Die Wildnis und Landschaften Utahs: Es fällt einem leicht, in sie einzutauchen und noch viel leichter, sich in sie zu verlieben. Leuchtende Canyons, Felsnadeln, Steinbögen, Wüsten, Schluchten und Plateaus in allen Nuancen, die der Farbkasten der Natur bietet. Dazu kommen Zeit und vier verschiedene Jahreszeiten, die Utah in das perfekte Licht rücken. Mal abgesehen von der geringen Lichtverschmutzung (Light Pollution), die es möglich macht, dass sich auch der Nachthimmel mit der Milchstraße für ein persönliches BIG PICTURE eignen. Es steht außer Frage: Der Beehive State ist fotogen, in jedem Zentimeter seines Ausmaßes. Er bietet Tausende von Möglichkeiten zum Entdecken, punktet mit unerwarteter Vielseitigkeit zu den bestehenden „Postkartenmotiven". Beste Garantie für dieses Versprechen sind die vorangegangenen Kapitel. Farben, Schatten, Licht und dazu die einzigartigen Protagonisten Utahs: (Hobby-)Naturfotografen werden begeistert sein!

Tom Till und Lauren Martrès
... sind zwei der ultimativen Landschaftsfotografen der USA sowie Utahs. Wer sich intensiver mit dem Thema beschäftigen möchte, sollte sich ihre Bücher anschauen oder an ihren Workshops teilnehmen. PS: Tom Till lebt in Moab.

CHECKLISTE

- Neben den Utah Classics wie den beliebten Nationalparks auch die weniger frequentierten Orte aufsuchen, sozusagen Utah Off-The-Beaten-Path. Utah hat knapp 220.000 Quadratkilometer Fläche mit „nur" rund 3,1 Millionen Einwohnern – dazwischen noch viel mehr geologische Wunder und Weite mit Raum für Magisches und Kurioses. Außerdem: an Utahs 16 Dark Sky Parks denken!

- **In den Naturschutzgebieten** – Nationalparks, State Parks und National Monuments – sind Drohnen-Aufnahmen nicht gestattet.

- **Unerlässlich ist ein Stativ,** da Utah sich im besten Licht zum Sonnenaufgang oder abends zeigt bzw. beim Stargazing, wenn der Himmel komplett dunkel ist.

- **Beste Shooting-Zeit:** Von Juli bis Oktober gibt es die Monsunzeit mit Wolken, Stürmen, Wasserfällen und fabelhaftem Licht. Auch der Herbst ist beeindruckend: Alle Parks faszinieren in leuchtenden Herbstfarben mit einem Mix aus Ahorn, Espen und Pappeln. Der Winter im Canyon Country ist eine Zeit der Stille. Es gibt wenig Reisende, Stürme vom Pazifik greifen die Gegend an. Manchmal kann man im Winter der Einzige unterwegs in dieser Gegend sein, allein mit Utah.

- **Optimale Foto-Zeit:** „Golden Hour", dann leuchten besonders die Red Rocks im südlichen Utah atemberaubend intensiv und weich. Mittags ist zu hartes Licht. Diese Tageszeit besonders in den heißen Sommermonaten für eine entspannte Auszeit nutzen, um später wieder mit voller Energie aufbrechen zu können!

- **Stargazing mit Sonnenaufgang verbinden:** z. B. Arches National Park ist seit September 2019 auch ein zertifizierter Dark Sky Park: „Early Bird"-Sein lohnt sich mit gleich zwei Höhepunkten innerhalb weniger Stunden!

- **Blickwinkel:** Manchmal entsteht die Unterschiedlichkeit eines Motivs darin, dass man den Blick auf etwas ändert. Unkonventionelles Betrachten und Kreativität zahlen sich aus! Tom Tills Empfehlung: High Megapixel 35 mm

- **Während der Fahrt:** Kamera immer griffbereit halten. Autoscheiben von Sand und Insekten sauber halten. Auf Spiegelungen achten. Möglichst kurze Belichtungszeiten verwenden, da sonst unscharfe Bilder entstehen. Aber bitte Rücksicht gegenüber den anderen Verkehrsteilnehmern – besser abseits der

Big Picture: Milky Way über dem Delicate Arch

Straße anhalten und in Ruhe fotografieren und ggf. von einer zweiten Person, besonders bei Highway-Motiven, absichern lassen. Safety First!

- **Mit Offline-Maps ausstatten,** da es teilweise im unbewohnten Nirgendwo kein Mobilfunknetz gibt.

- **Wasservorrat** im Auto planen.

> **Tipp**
> Bewusst fotografieren – nicht auf Quantität setzen und unbedachte Fotos, die am Ende nicht verarbeitet oder sortiert werden. Es zählt der Moment, an erster Stelle stehen das Entdecken und Erleben.

Einfach mal die Perspektive wechseln!

INSPIRATIONEN FÜR BIG PICTURES

- **Delicate Arch:** Der Delicate Arch im Arches National Park, der berühmteste rote Natursteinbogen der USA, ist das Wahrzeichen Utahs. Jeden Abend in den warmen Monaten versammeln sich Hunderte von Besuchern, um den Sonnenuntergang zu zelebrieren. Alternativen außerhalb des Parks: Corona und Wilson Arch

- **Mesa Arch:** „An Arch View A View". Durch den Mesa Arch im Canyonlands National Park öffnet sich der Blick auf die La Sal Mountains an der Grenze zu Colorado.

- **Moab:** Das lebendige Treiben im Outdoor-Mekka Moab auf der Main Street einfangen.

- **Buckskin Gulch:** Weich geschwungene Felsen. Nachmittags, wenn die Sonne mit einem bestimmten Winkel in den Slot Canyon fällt, hat man das Gefühl, die Felswände „glühen". Ein sensationeller Moment mit atemberaubenden Bildern.

- **Angels Landing:** Auf diesem Aussichtspunkt im Zion National Park sollte man schwindelfrei und trittsicher sein. Aussicht: TOP. Jede Schweißperle lohnt sich!

- **Red Canyon:** Eines der beliebtesten Fotomotive und Eyecatcher in vielen Reisemagazinen: der Red Canyon, den man zwischen Zion und Bryce Canyon National Park passiert. Aufgepasst: Es gibt „nur" zwei Tunnel!

- **Monument Valley:** Der Sehnsuchtsort mit seinen berühmten Felsnadeln und dem endlos wirkenden Highway 163 ist einfach monumental!

- **Grafton:** Die Geisterstadt ist nahezu ursprünglich in ihrer Form und wurde 1944 vom letzten Bewohner verlassen. Spooky Utah!

- **Bryce Canyon National Park:** Look up! Auch mal die Perspektive wechseln und den Blick nach oben werfen.

38. Utah barrierefrei

Wege für einen gelungenen Urlaub mit Handicap

Die Welt erobern und in fremde Kulturen eintauchen: Die Reiselust steckt in jedem von uns – sie ist nahezu grenzenlos. Aber was tun, wenn man in der persönlichen Mobilität oder bei Aktivitäten an Grenzen kommt? „Reisen für Alle" und Inklusion sind auch in Utah ein hohes Ziel, gilt es dabei, den Zugang zu den einzigartigen Sehenswürdigkeiten und Naturwundern für alle Menschen zu realisieren. Im Mittelpunkt stehen die besonderen Bedürfnisse von behinderten und mobilitätseingeschränkten Entdeckern, um ein gezieltes touristisches Angebot zu schaffen – ohne Kompromisse bei Komfort, Qualität und Service. In Utahs Nationalparks gibt es beispielsweise ebene, geteerte Wege oder Scenic Drives, um viele der Sandsteinformationen per Rollstuhl oder mit dem Pkw vom Straßenrand aus erleben zu können. Zusätzlich werden Audio-Touren, Filme, spezielle Ranger-Programme und geführte Touren für Reisende mit Einschränkung vom National Park Service angeboten.

Kletterwand im National Ability Park Center

Auch stehen Campingplätze mit barrierefreien Elementen zur Verfügung, um das Naturerlebnis so umfangreich wie möglich abzurunden. Weiterer **Tipp:** Nationalpark-Tickets können online bereits im Voraus auf pay.gov gekauft werden, um längere Wartezeiten zu vermeiden, auch wenn stets bevorzugtes Verhalten gegenüber Besuchern mit Einschränkung in möglichen Warteschlangen an den Eingängen gilt. Allgemein lässt sich sagen, dass in Utah bereits viele Strukturen geschaffen worden sind. Um alle vorgeschriebenen Standards und Herausforderungen von Morgen an Barrierefreiheit erfüllen zu können, sind noch weitere Maßnahmen notwendig. Orientiert wird sich unter anderem am 1990 geschaffenen Gesetz „Americans with Disabilities Act (ADA)", welches die baurechtliche Barrierefreiheit in den gesamten USA regelt. Darüber hinaus stehen Utahs Institutionen im engen Dialog mit der Politik, Verbänden, Entscheidungsträgern in der Tourismusindustrie, Unternehmen und Partnern.

Im Folgenden ein Überblick über nützliche Informationen und Ansprechpartner:

- Artikel zum Thema „Accessible Utah" auf visitutah.com
- Nationalparks: National Park Service auf nps.gov, Rubrik „Plan Your Visit (Accessibility)" mit Informationen für einen barrierefreien Besuch
- Utah State Parks: Informationsbroschüre zum Thema „Accessibility" auf stateparks.utah.gov, Rubrik „Resources"
- Allgemeine Tipps auf den Websites der regionalen (County) und örtlichen Touristinformationen (Städte, Orte)
- Ganzjährige Aktivitäten- und Sportprogramme: The National Ability Center in Park City, discovernac.org
- Unterstützung bei der Reiseplanung durch das Team vom Utah Office of Tourism per E-Mail an utah@harwardt-marketing.com

FLUG, ANKUNFT & WEITERREISE

Flug: Ein Hilfsmittel zur Fortbewegung ist bei der Buchung bei der Fluggesellschaft anzumelden. Medizinisch notwendige Hilfsmittel, zu dem beispielsweise auch ein Rollstuhl zählt, werden in der Regel kostenfrei mitgeführt. An den Flughäfen stehen Mitarbeiter zur Seite, die den Transport in das/aus dem Flugzeug begleiten.

Salt Lake City International Airport: Der Flughafen ist rund 15 Minuten vom Stadtzentrum entfernt und punktet mit einer umfangreichen Infrastruktur (Aufzüge, Restaurants, Parkplätze, Begleit-Service etc.) für eine barrierefreie Anreise, Abreise sowie einen Aufenthalt. Nähere Informationen auf slcairport.com (Accessibility).

Mietwagen: Nahezu alle führenden Marken am Hauptstadt-Flughafen bieten Fahrzeuge für Kunden mit eingeschränkter Beinmobilität an, bei denen beispielsweise das Gas- und Bremspedal wahlweise links oder rechts am Lenkrad befestigt ist. Wer im Besitz eines „Parkausweis für Personen mit Behinderung in der Europäischen Union" (blauer Parkausweis) ist, kann diesen mit allen begleitenden Dokumenten und Attesten (im Idealfall auch in Englisch) mitführen und an der Frontscheibe des Mietwagens gut sichtbar platzieren. Größtenteils werden die EU-Sonderparkausweise auf Basis einer Empfehlung („Prinzip der Gegenseitigkeit") des International Transport Forum (ITF) zwischen den EU-Staaten und der USA anerkannt. Im Zweifelsfall raten wir, sich während des Reisens nach der Akzeptanz des EU-Sonderparkausweises bei der Polizei, lokalen Behörden oder Ortsansässigen zu erkundigen, da Bestimmungen variieren können bzw. die Staaten-Empfehlung ggf. noch nicht in ein nationales US-Recht umgesetzt wurde.

- Anbieter für komfortable, rollstuhlgerechte Reisebusse/Minivans: Wheelchair Getaways (accessiblevans.com), United Access (unitedaccess.com) und Thrifty Car Rental (thrifty.com). Die Wagen sind u. a. mit Rollstuhlrampen inklusive Dropdown-Service für den ebenerdigen Zugang, Handbedienungen und abnehmbaren Sitzen für Rollstühle und vielem mehr ausgestattet.

Hoch zu Pferde!

BARRIEREFREIER ROADTRIP FÜR ACHT TAGE

Tag 1-3: Salt Lake City

Die Reise startet mit der Ankunft in Utahs Hauptstadt Salt Lake City. Eine der berühmtesten Attraktionen ist der Temple Square, welcher sich über drei Blocks erstreckt und allein bereits mit 20 Sehenswürdigkeiten wie dem Salt Lake Temple, dem Tabernacle Choir oder der Family History Library punktet. Bitte den Umbau des Temple Square und die

Rafting-Tour

Einschränkungen für einen Besuch des Salt Lake Temple bis 2024 beachten (templesquare.com)! Weitere barrierefreie Highlights neben dem City Creek Center zum Shopping in der Hauptstadt sowie nahen Umgebung:

- Utah State Capitol Building
- Natural History Museum
- Red Butte Garden
- Foothill Cultural District
- Clark Planetarium & IMAX Theater
- Discovery Gateway Children's Museum
- Tracy Aviary
- Wheeler Historic Farm, Murray
- Farmington Bay Waterfowl Management Area, Farmington
- Ogden Nature Center, Ogden
- Ogden's George S. Eccles Dinosaur Park, Ogden
- Hill Aerospace Museum, Ogden (Hill Air Force Base)
- Antelope Island State Park

Auszeit im Starvation State Park

Tag 4: Vernal

Nach drei aufregenden Tagen in Salt Lake City geht es weiter nach Vernal mit beeindruckenden Landschaften auf der Strecke wie z. B. das Strawberry Reservoir oder der Starvation State Park. Die Kleinstadt ist aber besonders bekannt für ihre fossile Vergangenheit. Im Dinosaurland Vernal bietet sich die einzigartige Möglichkeit, echte Dinosaurierknochen an der ursprünglichen Fundstätte zu bestaunen. Tipp: Zusätzliche Ausflüge zum Dinosaur National Monument, Utah Field House of Natural History Museum und zum Red Canyon in der Flaming Gorge Recreation Area.

Tag 5-6: Moab

Der nächste Stopp der Rundreise ist das ca. vier Stunden entfernte Moab – auch bekannt als das Outdoor-Mekka: Vor seinen Toren liegen gleich zwei Nationalparks: Zum einen der Arches National Park. Von den über 2000 natürlichen Sandsteinbögen sind einige barrierefrei zugänglich, viele Aussichtspunkte können zudem mit dem Pkw angefahren werden. Am nächsten Tag lohnt sich ein Besuch im Canyonlands National Park. Er besticht durch seine weitläufigen Hochebenen sowie zahlreichen Canyons, Felszacken und Spalten – ideal erreichbar über diverse Panoramastraßen.

Tag 7: Capitol Reef National Park

Weiter geht es auf dem Highway 24 durch den Capitol Reef National Park. Blickfang am Eingang: das Freilichtmuseum Fruita. Hier wird gezeigt, wie die ersten Siedler im abgeschiedenen Tal des Fremont River lebten. Besonders sehenswert sind das alte Schulhaus sowie die großen Obstplantagen mit der Gelegenheit, frisches Obst zu pflücken.

Tag 8: Salt Lake City
Zurück geht es nach Salt Lake City. Unter anderem bietet sich auf dem Weg in den Norden ein Stopp am Fishlake Forest im Museum of Ancient Life at Thanksgiving Point (Lehi) sowie im Streichelzoo Eagle's Landing Petting Zoo (Scipio) an. Oder wie wäre es kurz vor der Hauptstadt noch mit einem visuellen Tauchgang im Loveland Living Planet Aquarium (Draper)?

WEITERE BARRIEREFREIE SEHENSWÜRDIGKEITEN (Auswahl)

- Utahs 26 Panoramastraßen (Scenic Byways)
- Bear River Migratory Bird Refuge, Brigham City
- Silver Lake Boardwalk, Solitude
- Swaner Preserve & Eco Center, Park City
- Thousand Peaks Snowmobile Adventures, Park City
- Cascade Springs Boardwalk & Trails, West of Heber Valley
- Moab Canyon Pathway Paved Trails Network, Moab
- St. George City Paved Trails Network, St. George

TOURENANBIETER, ORGANISATIONEN & PROGRAMME (Auswahl)

- TRAILS (Therapeutic Recreation And Independent Life Styles), Salt Lake City
- Splore, Salt Lake City
- The Kostopulos Dream Foundation, Salt Lake City
- Wasatch Adaptive Sports, Snowbird
- Courage Reins Therapeutic Riding Center, Highland
- Common Ground Outdoor Adventures, Logan
- Tag-a-Long Expeditions, Moab
- Holiday River Expeditions, Moab
- Adrift Adventures, Moab

39. Utah für Kinder

Zwischen roten Felsen herumtollen, auf den Spuren der Dinosaurier wandeln oder einmal wie ein Indianer im Tipi übernachten – in allen Ecken Utahs gibt es für Kinder viel zu entdecken und erleben!

Achten Sie darauf, Kindersitze bei Ihrem Mietwagenanbieter zu reservieren, die Reise in kleinere Etappen aufzuteilen, um allzu lange Fahrten im Auto zu vermeiden, und regelmäßige Stopps mit Aktivitäten einzulegen. Nützliche Begleiter auf der Fahrt durch Utah sind eine Kühltasche mit gesunden Snacks, ein großer Vorrat an Trinkwasser, Sonnencreme, Sonnenhüte sowie Spiele und Unterhaltung.

> **„Ein Kind ist eine kleine Hand, die zurückführt in eine Welt, die man vergessen hat."**
> *unbekannter Autor*

ST. GEORGE DINOSAUR DISCOVERY SITE, ST. GEORGE

Im gesamten Staatsgebiet Utahs werden auch heute noch Dinosaurier-Fossilien ausgegraben und Groß und Klein können auf den Spuren der Dinosaurier wandeln. In der Dinosaur Discovery Site in St. George werden sich Ihre Kinder fühlen, als wären sie in einer Szene aus Jurassic Park gelandet, während sie in diesem Museum Dinosaurierspuren, versteinerte Fische und weitere spannende Fossilien entdecken.
2180 E Riverside Drive, St. George, UT 84790, utahdinosaurs.com

AMERICAN WEST HERITAGE CENTER

Reisen Sie zurück in die Vergangenheit und erkunden Sie das Utah der Indianer und ersten Siedler. Kinder können in diesem interaktiven Freilichtmuseum mit einem historischen Zug fahren, den Streichelzoo erkunden, nach Gold suchen oder Bisons hautnah erleben – im American West Heritage Center gibt es so viel zu entdecken!
4025 S Hwy 89-91, Wellsville, UT 84339, awhc.org

Goblin Valley State Park

SEVEN PEAKS WATER PARK

Gibt es eine bessere Möglichkeit den Sommers zu verbringen, als sich im kühlen Nass des Wasserparks Seven Peaks auszutoben? Von Wasserrutschen, Wellenbecken bis hin zu Strömungskanälen gibt es alles, was Kinderherzen höher schlagen lässt. Seven Peaks Water Park hat Standorte in Provo und Salt Lake City und ist garantiert ein Hit für die ganze Familie.
1330 E 300 N, Provo, UT 84606, sevenpeaks.com

THE LAGOON, FARMINGTON

Von März bis Oktober schlagen Kinderherzen im Norden Utahs höher, denn der Freizeitpark The Lagoon öffnet seine Tore mit Achterbahnfahrten, Liveshows und Events, Wasserspaß im Lagoon A Beach und dem Pioneer Wild West Village sowie Campingplatz. Tickets können vorab online reserviert werden.
375 North Lagoon Drive, Farmington, UT 84025, lagoonpark.com

TRACY AVIARY

Der Vogelpark Tracy Aviary in Salt Lake City begeistert Klein und Groß. Hier können Kinder hunderte buntgefiederte Freunde aus der ganzen Welt hautnah erleben.
589 E 1300 S, Salt Lake City, UT 84105, tracyaviary.org

Radtour mit Kindern

NATIONAL PARKS, STATE PARKS UND NATIONAL MONUMENTS

In allen Naturparks in Utah können sich Kinder an der frischen Luft austoben und die Natur entdecken. Hotels, Lodges, Ranches oder sogenannte Outfitter sowie die Besucherzentren der jeweiligen Parks bieten geführte Touren und das richtige Equipment für viele Outdoor-Abenteuer in Utah an. Besonders in der Hochsaison von Mitte Juni bis Mitte September lohnt es sich, die Touren vorab zu reservieren. Ob eine E-Bike-Tour durch den Antelope Island State Park, eine Klettertour durch die Via Ferrata des Zion National Park, ein Pferdeausritt durch den Bryce Canyon National Park, eine ATV-Tour durch den Steinacker State Park, Stand-up-Paddleboarding auf dem Red Fleet Reservoir, eine Navajo-Jeep-Tour durch das Monument Valley, eine Star-Gazing-Tour im Natural Bridges National Monument oder eine Rafting-Tour über den Colorado River bei Moab – die Möglichkeiten für Outdoor-Spaß für Klein und Groß in Utah sind schier unendlich!

Cowboy-Spaß auf der Conestoga Ranch

ÜBERNACHTUNGEN IN EINEM TIPI ODER PIONIER-WAGEN

Wie ein echter Indianer oder Siedler können sich Kinder bei Übernachtungen in besonderen Unterkünften fühlen. In Utah gibt es zahlreiche spannende Alternativen zu „langweiligen" Hotelzimmern: In vollausgestatteten Glamping-Zelten, Tipis oder Pionier-Siedlerwagen schlafen auch Eltern komfortabel ein, nachdem man den Tag am Lagerfeuer Revue passieren lässt.

Einige beliebte Optionen:

- **Conestoga Ranch:** conestogaranch.com
- **Under Canvas Zion/Moab:** undercanvas.com
- **Capitol Reef Resort:** capitolreefresort.com
- **Zion Ponderosa Ranch:** zionponderosa.com

40. Rundreise: Der Norden Utahs

Salt Lake City, Ogden, Logan, Bear Lake, Flaming Gorge National Recreation Area, Vernal, Park City, Midway – alle Highlights im Norden Utahs in einer Reise.

SALT LAKE CITY

Buchen Sie Ihren Flug in die Hauptstadt Utahs und starten Sie Ihre Reise durch den Beehive State in der lebendigen Metropolregion. In der Hauptstadt Utahs gibt es verschiedene Aktivitäten:

- **Kostenlose Tour** auf dem Temple Square machen oder dem berühmten Mormon Tabernacle Choir lauschen (www.templesquare.com) Aktuelle Bauarbeiten des Tempels und Besuchereinschränkungen bis 2024 beachten!

Salt Lake City

- **Shopping-Paradies:** Überdachtes Shopping & Dining im City Creek Center gegenüber vom Temple Square

- **Visit Salt Lake Connect Pass:** Vergünstigter Eintritt für viele Museen und Attraktionen (Natural History Museum of Utah, This Is The Place Heritage Park, Utah Olympic Park, Hogle Zoo, Utah Museum of Fine Arts oder Red Butte Garden)

- **Kulinarische Vielfalt von Salt Lake City:** Von Foodtrucks, Farm-to-Table-Restaurants über vegane Optionen bis Sterneküche

- **Mikrobrauereien:** Squatters, Red Rock, Epic oder Uinta bieten lokal gebrautes Bier und herzhaftes amerikanisches Essen

- **Ab in die Natur:** Wandern oder Mountainbiken in den nahe gelegenen Bergen (z. B. auf dem Bonneville Shoreline Trail)

- **Bonneville Salt Flats:** Etwa zwei Auto-Stunden außerhalb von Salt Lake City an der Grenze zu Nevada befindet sich die weiße Salzwüste

- **Besuch** des Timpanogos Cave National Monument

Weitere Details, aktuelle Veranstaltungen und Besucher-Tipps: visitsaltlake.com

OGDEN

Die Western-Kleinstadt Ogden hat viel zu bieten:

- **Bummel auf der Historic 25th Street** mit Einblick in die hippe Kunst- und Kulturszene und kulinarischen Highlights der lokalen Restaurants und Bars

- **Besuch des Utah State Railroad Museum**, in welchem auch der Golden Spike (der letzte goldene Nagel des Zusammenschlusses der Transkontinentalen Eisenbahn) ausgestellt ist; Alternative:

Golden Spike National Historic Site

- **Besuch des ältesten Saloon in Utah:** Shooting Star Saloon (1879)
- **Nahe gelegene Skigebiete** (z. B. Snowbasin) laden im Winter zum Skifahren und im Sommer zum Wandern oder Mountainbiken ein
- **Gin- und Spirituosen-Verkostung** in der New World Distillery in Eden
- **Antelope Island State Park:** Bisons und Antilopen in freier Wildbahn beobachten und den Tag mit einem Stargazing-Programm abschließen

Weitere Details und Besucher-Tipps: visitogden.com

LOGAN

Das kulinarische und künstlerische Herz Utahs schlägt in Logan. Das fruchtbare Cache Valley gilt als das landwirtschaftliche Zentrum des Beehive State, und die Kleinstadt Logan lädt mit seiner prämierten Theaterszene die Welt zu sich ein:

- **Für Feinschmecker:** Cache Valley Foodie Trek & Signature Products Tour oder Besuch des Gardeners Market am Samstag Vormittag
- **Besuch** einer Performance-, Theater- oder Oper-Aufführung, z. B. einer NYC-Broadway-Produktion im Utah Festival Opera and Musical Theatre
- **Logan Scenic Byway:** Besonders im Herbst ein farbenfrohes Highlight
- **American West Heritage Center:** Interaktives Freilichtmuseum mit eigener Bisonherde
- **Wanderung** in den umliegenden Bergen der Wasatch Range,

z. B. zu den Wind Caves oder Tony Grove Lake
- **Übernachtung** in der idyllischen Beaver Creek Lodge mit optional buchbarer Razor-Tour oder Pferdeausritt

Weitere Details und Besucher-Tipps: explorelogan.com

BEAR LAKE

Der türkisblaue Bear Lake an der Grenze zu Idaho wird auch als das karibische Herz der Rocky Mountains bezeichnet.

Highlights der Gegend:

- **Wassersport aller Art:** z. B. Tauchen, Segeln, Kajak/Kanufahren, Schwimmen, Fischen

- **Garden City:** Gemütliche Kleinstadt mit den weltbesten Himbeer-Shakes

- **Conestoga Ranch:** Gemütliche Glamping-Zelte und Pionierwagen zum Übernachten

- **Winteraktivitäten:** Eisfischen, Schneemobil- oder Langlaufskifahren

- **Höhlen-Erkundungen:** Minnetonka Cave und Paris Ice Cave

Weitere Details, aktuelle Veranstaltungen und Besucher-Tipps: bearlake.org

Ausgehend vom Bear Lake können Sie über die Staatsgrenze Utahs zum Grand Teton National Park und Yellowstone National Park reisen. Auf Ihrem Rückweg fahren Sie weiter zur Flaming Gorge National Recreation Area.

FLAMING GORGE NATIONAL RECREATION AREA

Die Flaming Gorge Recreation Area ist eine der unbekannten

Sonnenuntergang an der Flaming Gorge

Gegenden Utahs und besticht durch ihre unberührte Natur. Atemberaubende Ausblicke, steile Sandsteinklippen und der Green River bieten zahlreiche Optionen, den Tag an der frischen Luft zu verbringen.

Highlights der Gegend:

- **Imposante Schlucht des Red Canyon** mit spektakulärer Aussicht vom Red Canyon Visitor Center
- **Besuch des Flaming Gorge Dam Visitor Center** mit Tour durch die Talsperre
- **Outdoor-Aktivitäten:** Pferdereiten, Fliegenfischen, Rafting auf dem Green River, Wandern, Mountainbiken, Bootstouren entlang der wunderschönen Ufer des Green River oder des Flaming-Gorge-Stausees
- **Rundtour** über den Sheep Creek Geological Loop
- **Cedar Springs Marina:** Bootsverleih und lokaler Favorit „The Snag Bar & Grill"

- **Besuch** der John Jarvie Historic Ranch

- **Übernachtung** in einer rustikalen Wood Cabin des Flaming Gorge Resort

Weitere Details und Besucher-Tipps: flaminggorgecountry.com

VERNAL

Lassen Sie sich von der prähistorischen Welt der Dinosaurier und landschaftlichen Einzigartigkeit faszinieren:

- **Dinosaur National Monument:** Wall of Bones, Gesteinsmalereien und landschaftlich reizvollen Wanderwege, Dark-Sky-Programme

- **Red Fleet State Park:** Dinosaurierspuren entdecken, Bootstouren, Kajakfahren oder SUP entlang imposanter, roter Gesteinsmassive

- **Steinaker State Park:** Campen, Wasseraktivitäten, lange Strände, Angeln oder in einer rustikalen Wood Cabin übernachten

- **Utah Field House of Natural History State Park Museum:** Interaktives Museum und Ausstellung, dabei Paläontologen vor Ort bei ihrer täglichen Arbeit beobachten

Weitere Details, aktuelle Veranstaltungen und Besucher-Tipps: dinoland.com

Red Fleet State Park

PARK CITY

Die Stadt Park City kann mit Recht behaupten, eine der idyllischsten Städte in den Rocky Mountains zu sein. Die Kombination aus Bergbau-Vergangenheit, Naturschutz und Innovation macht die Kleinstadt zu einem der beliebtesten Winter- und Sommerziele in Utah:

- **Erstklassige Skigebiete** laden im Winter zum Skifahren und im Sommer zum Wandern oder Mountainbiken ein: Park City Mountain Resort und Deer Valley Resort

- **Utah Olympic Park:** 2002 waren Salt Lake City und Park City Austragungsorte der Olympischen Spiele. Heute können Besucher im Olympic Park zahlreichen Outdoor-Aktivitäten nachgehen wie Tubing, Bobfahren oder Zip-Lining

- **Woodward Park City:** In- und Outdoor-Sportzentrum

- **Shopping Mall:** Outlets Park City

- **Erkunden** der Park City Historic Main Street und Fahrt mit dem kostenlosen Trolley-Bus

- **High West Distillery:** Destillerie direkt am Skihang gelegen mit erstklassigem Essen

- **Hollywood in Park City:** Sundance Film Festival, jedes Jahr Ende Januar

Weitere Details, aktuelle Veranstaltungen und Besucher-Tipps: visitparkcity.com

MIDWAY/HEBER VALLEY

Die von Schweizer Einwanderern gegründete Kleinstadt Midway liegt im idyllischen Heber Valley und verbindet Outdoor-Spaß mit uriger Gastfreundschaft:

- **Erstklassige Restaurant-Szene** in Midway, z. B. Midway Mercantile, Snake Creek Grill oder Z's Steak & Chop House
- **Fill'er Up Coffee Station:** Vintage-Tankstelle umgebaut zum hippen Coffeeshop
- **Heber Valley Artisan Cheese:** Schweizer Käse-Tradition und Verköstigungen
- **Homestead Crater:** Baden, SUP-Yoga oder Tauchen in der geothermalen Quelle
- **Outdoor-Aktivitäten** im Jordanelle State Park, Deer Creek State Park oder Wasatch Mountain State Park
- **Sommer- und Wintersportaktivitäten** im olympischen Soldier Hollow Nordic Center
- **Ausschließlich im Winter:** Midway Ice Castles
- **Fahrt** mit der historischen Heber Valley Railroad
- **Wilderness Access Outfitters:** Outdoor-Touren im Sommer und Winter, z. B. Schneeschuhwandern mit Dinner in einem Jurte-Zelt

Weitere Details, aktuelle Veranstaltungen und Besucher-Tipps: gohebervalley.com/

41. Rundreise: Der Süden Utahs

Moab, Monument Valley, Torrey, Bryce, Kanab und Zion – alle Highlights des südlichen Utah in einer Reise. Beginnen Sie Ihre Rundreise in Salt Lake City und fahren Sie anschließend in die faszinierende Gegend der roten Steine.

MOAB

Von Salt Lake City brauchen Sie circa 3,5 Stunden nach Moab, Utahs „Abenteuer-Hauptstadt". Highlights der Gegend:

- **Arches National Park:** Über 2000 Gesteinsbögen, zahlreiche Wanderwege unter anderem zum Delicate Arch, Utahs Wahrzeichen
- **Canyonlands National Park:** Zerklüftete Landschaft, Paradies für Mountainbiker, ATV-Touren und beeindruckende Wanderwege

Blick durch den Mesa Arch im Canyonlands National Park

Dead Horse Point State Park

- **Dead Horse Point State Park:** 180-Grad-Schleife des Colorado River aus atemberaubender Höhe entdecken

- **Scenic Byways** 128, 279 und 313 durch spektakuläre Landschaft

- **Unbekannte landschaftliche Highlights:** Sand Flats Recreation Area, Castle Valley, Fisher Towers, Onion Creek, Wilson Arch

- **Dino-Fans:** Moab Dinosaur Museum, Wandern auf dem Dinosaur Stomping Grounds Trail oder Mill Canyon Dinosaur Tracks and Trail

- **Touren** auf dem Colorado River über Adrift Adventures oder Canyonlands by Night & Day buchen

Weitere Details, aktuelle Veranstaltungen und Besucher-Tipps: discovermoab.com

MONUMENT VALLEY

Rund um das bekannte Monument Valley gibt es viel zu entdecken:

- **Jeeptour**, Pferdeausritt oder Navajo-Tour durch das Monument Valley
- **Fotostopp** beim „Forrest Gump Hill" auf dem Highway 163 zwischen Monument Valley und Mexican Hat
- **Wanderung** durch die drei imposanten Gesteinsbrücken des Natural Bridges National Monument
- **Goosenecks State Park:** Ausblick über drei 180-Grad-Schleifen des San Juan River
- **Fahrt** durch das Valley of the Gods bei Sonnenauf- oder -untergang
- **Spektakuläre Aussichtspunkte** vom Moki Dugway, Anticline Overlook und Muley Point Overlook
- **Bears Ears National Monument:** „House of Fire"-Ruinen in der Shash-Jaa-Gegend
- **Hovenweep National Monument:** Sechs prähistorische Dorf-Ruinen, in denen zwischen 1200 und 1300 n. Chr. über 2500 Menschen lebten
- **Bootstour oder Wanderung** durch Navajo-Gebiet (genehmigungspflichtig) zum Rainbow Bridge National Monument
- **Four Corners National Monument:** Vier US-Staaten teilen sich einen Grenzpunkt
- **Newspaper Rock:** Gesteinsmalereien der indianischen Urbevölkerung
- **Edge of the Cedars State Park Museum:** Interaktives Museum und Ausgrabungsstätten der indianischen Bevölkerung Utahs

- Lake Powell und Glen Canyon National Recreation Area

Weitere Details, aktuelle Veranstaltungen und Besucher-Tipps: utahscanyoncountry.com

TORREY

Die Kleinstadt Torrey ist das Tor zum Capitol Reef National Park und dem Scenic Highway 12, der „All-American Road“:

- **Capitol Reef National Park:** Frische Fruit Pies essen bei Gifford Homestead, zertifizierter Dark Sky Park mit Stargazing Program, Backcountry-Tour ins Cathedral Valley, Wanderungen zur Hickman Bridge oder zum Grand Wash unternehmen oder Gesteinsmalerei der Freemont Indianer bestaunen

- **Geheimtipp in der Nähe:** Goblin Valley State Park mit Wanderung durch die faszinierenden roten Goblins

- **Fishlake National Forest (ca. eine Autostunde entfernt):** Outdoor-Paradies mit abgeschiedenen Campingplätzen

Weitere Details, aktuelle Veranstaltungen und Besucher-Tipps: capitolreef.org

Temple of the Moon im Capitol Reef National Park

BRYCE CANYON NATIONAL PARK

Der Bryce Canyon National Park beeindruckt durch seine leuchtend-orangefarbenen Gesteinsnadeln („Hoodos“), aber es gibt noch so viel mehr zu entdecken:

- **Must-Do:** Besuch des Bryce Canyon National Park und Kodachrome Basin State Park
- **Geheimtipp:** Panguitch Lake, Red Canyon, Grand Staircase Escalante National Monument, Anasazi State Park Museum, Calf Creek Falls
- **Übernachtungsmöglichkeiten** in Bryce Canyon City, Tropic, Panguitch, Boulder oder Escalante
- **Panoramafahrt** über Scenic Highways 12, 143 und 89, Burr Trail Road Scenic Backway oder Hole in the Rock Scenic Backway

Weitere Details, aktuelle Veranstaltungen und Besucher-Tipps: brycecanyoncountry.com

Bryce Canyon National Park

Farbgewaltiger Slot Canyon Buckskin Gulch

KANAB

Abra-Kanabra: Die Western-Kleinstadt liegt an der Grenze zu Arizona inmitten landschaftlicher Highlights auf beiden Seiten der Grenze:

- **Faszinierende Wüstenlandschaft:** Coral Pink Sand Dunes State Park
- **Slot Canyons in Hülle und Fülle:** Peekaboo Slot Canyon, Buckskin Gulch Slot Canyon
- **Faszinierende Gesteinstürme:** Toadstool Hoodos
- **Gunsmoke Movie Set** oder **Little Hollywood Museum**
- **Surreale Wasserlandschaft:** Lake Powell
- **Vermilion Cliffs National Monument**
- **Gesteinswellen:** The Wave oder White Pocket im Nachbarstaat Arizona
- **Best Friends Animal Sancturary** für Tierliebhaber

Weitere Details, aktuelle Veranstaltungen und Besucher-Tipps: visitsouthernutah.com

ZION NATIONAL PARK

Einen der bekanntesten Nationalparks in den USA erleben Sie mit einem Besuch des Zion National Park, aber verpassen Sie auf keinen Fall die weiteren Naturwunder im südwestlichen Utah:

- **Übernachtungsoptionen** in Springdale und St. George oder Glamping an der Kolob Terrace bei „Zion under Canvas"

- **Bekannte und beliebte Wanderungen im Zion National Park:** The Narrows, The Subway, Angels Landing oder Zion Observation Point

- **Landschaftliche Highlights der Gegend:** Gunlock State Park, Sand Hollow State Park, Quail Creek State Park oder Snow Canyon State Park

Weitere Details, aktuelle Veranstaltungen und Besucher-Tipps: greaterzion.com

Am Ende dieser sehenswerten Reise fahren Sie zurück nach Salt Lake City oder weiter nach Las Vegas zum großen Finale der Reise. Von hier aus können Sie dann wieder zurück fliegen oder die Reise individuell fortsetzen.

Wichtige Reisetipps:

Wenn Sie mehrere Nationalparks in Utah sowie den USA besuchen, lohnt sich auf jeden Fall der „America the Beautiful Pass": nps.gov/planyourvisit/passes.htm

Bei umfangreichen Utah-Reisen lohnt sich ebenfalls der Utah State Park Pass: stateparks.utah.gov/resources/passes/

Campingplätze müssen unbedingt vorher reserviert werden. Zum Beispiel unter: reserveamerica.com

MUST-DO im Zion National Park: Hike durch „The Narrows"

42. Utah-Rundreise für Filmliebhaber

Utahs einzigartige Landschaft mit außergewöhnlichen Felsformationen, Canyons und Schluchten, aber auch gewaltigen Berggipfeln, ist nicht nur bei Touristen beliebt. Auch Filmemacher zieht es für spektakuläre Aufnahmen und spannende Geschichten oft in den Bundesstaat im Westen der USA.

Seit den 1920er-Jahren mit Beginn der Westernfilmzeit, stand Utah schon im Mittelpunkt von über 900 Filmen und Serien. Diese beispielhafte Rundreise führt zu den beliebtesten und spektakulärsten Drehorten und zeigt somit die beeindruckende Landschaft auf besondere Art und Weise.

TAG 1 BIS 3 – SALT LAKE CITY UND UMGEBUNG

Die Filmrundreise durch Utah beginnt mit der Landung in Utahs Hauptstadt, Salt Lake City. Da sie und die umliegenden Städte nicht nur Schauplätze vieler Filme und Serien sind, sondern auch unzählige Sehenswürdigkeiten zu bieten haben, lohnt sich ein Aufenthalt von mindestens drei Tagen.

Die Liste aller Film- und Serienproduktionen, die hier gedreht wurden, wäre zu lang, um sie an dieser Stelle aufzuzählen. Highlights sind unter anderem die Komödie „Natürlich blond 2", der Horrorfilm „Halloween IV" oder der Klassiker „Footloose". Die East High School der Stadt wurde 2006 mit dem Disneyfilm „High School Musical" weltberühmt. In Herriman steht ein Haus, das hingegen erst von einem Film inspiriert erbaut wurde: Das an Ballons fliegende Haus aus dem Pixarfilm „Oben" steht dort fest auf dem Boden und bildet ein Motiv für tolle Fotos. Alle Drehorte von den verschiedensten Filmen lassen sich auf einer virtuellen Karte auf der Website film.utah.gov/utahfilmtour erkunden.

Natürlich sollten sich Besucher auch für die restlichen Sehenswürdigkeiten Zeit nehmen. Eine der berühmtesten Attraktionen Utahs ist Temple Square. Dieses Gebiet erstreckt sich über drei Blocks und bietet etwa 20 verschiedene Sehenswürdigkeiten wie den Salt

Lake Temple oder das Tabernacle. Ebenfalls empfehlenswert ist ein Besuch der nahe gelegenen Kupferminen oder des Antelope Island State Park. Die Insel liegt im südöstlichen Teil des Salt Lake und beheimatet eine vielfältige Flora und Fauna. Unter anderem lassen sich hier das Amerikanische Bison, Kojoten und zahlreiche Wasservögel beobachten.

Während des Aufenthalts in Utahs Hauptstadt lohnt sich auch ein Ausflug in die Bonneville Salt Flats: eine riesige Salzwüste, die infolge der Austrocknung des prähistorischen Lake Bonneville gegen Ende der letzten Eiszeit entstand. Ihre unwirkliche Landschaft lockte schon viele Filmemacher für außergewöhnliche Aufnahmen zu sich. Besonders bekannt sind Filme wie „Fluch der Karibik – Am Ende der Welt“ oder „Independance Day“. In dem Drama „Mit Herz und Hand“ tritt der rüstige Rentner Burt Munro bei der jährlichen Speed Week auf der Salzwüste an, um auf seinem heißgeliebten Motorrad den Geschwindigkeitsrekord zu brechen. Ganz in der Nähe befindet sich auch noch das historische Wendover Airfield Museum. Früher diente der Landeplatz als Trainingsbasis für Militärflugzeuge. Heute ist er Drehort beispielsweise für „Con Air“ und „Hulk“.

TAG 4 – FAHRT NACH PRICE ODER VERNAL

Nach den ersten Tagen in Salt Lake City und Umgebung beginnt die Fahrt Richtung Süden. Wer möchte, kann auf dem Weg nach Price auch einen Tagesausflug nach Vernal einplanen. Auf dem dreieinhalbstündigen Fahrtweg nach Vernal fahren Sie durch wunderschöne Landschaften und passieren beispielsweise das riesige Strawberry Reservoir – Schauplatz von „Das Vermächtnis der Tempelritter“. In Vernal angekommen bieten sich viele Aktivitäten an. Besonders bekannt ist die Stadt durch zahlreiche Ansammlungen von Dinosaurierknochen aus dem Jura-Zeitalter. Das Dinosaurland in Vernal ist der weltweit einzige Ort, an dem man mehr als 1500 Dinosaurierknochen an der ursprünglichen Fundstätte ansehen und sogar anfassen kann. Obwohl in der Stadt keine berühmten Blockbuster gedreht wurden, ist Vernal definitiv einen Ausflug wert.

In der Nähe der Kleinstadt Price liegt der Helper City Park. Hier wurde die Komödie „Adventures of Power" gedreht, in der Minenarbeiter „Power" seinen Traum, ein großer Schlagzeuger zu werden, zu erfüllen versucht.

TAG 5 UND 6 – FAHRT NACH MOAB UND ZU DEN NATIONALPARKS

Nur zwei Stunden Fahrt weiter befindet sich Moab, ein Ort direkt an den Nationalparks Arches und Canyonlands. Diese Gegend ist ein wahres Paradies für Film- und Serienliebhaber. Direkt in der Stadt Moab wurden bekannte Klassiker wie „Austin Powers in Goldständer", „Thelma & Louise" oder auch die erste Staffel von „Westworld" gedreht. Auch Fans von „Star Trek" kommen hier auf ihre Kosten: Für den im Jahr 2009 erschienenen Film wurden sowohl Moab als auch das nahe gelegene San Rafael Swell als Drehorte für den Planeten Vulcan genutzt. Für Geschwindigkeitsjunkies gibt es rund um Moab drei Highways, auf denen man wie bei „Need for Speed" richtig Gas geben kann – natürlich immer unter Einhaltung des Tempolimits.

„Thelma & Louise"

„Westworld"

Im Arches National Park, der für seine über 2000 natürlichen Sandsteinbögen und -formationen bekannt ist, lässt sich nicht nur die Landschaft bestaunen. Filmkenner können sich dort wie die Helden aus „Indiana Jones und der letzte Kreuzzug" oder „Hulk" fühlen.

Nur etwas weiter südlich von Moab liegt der Canyonlands National Park mit weitläufigen Hochebenen sowie zahlreichen Canyons,

Felszacken und Spalten. In „Mission Impossible II" sowie „127 Hours" bilden sie den Schauplatz für waghalsige Klettermanöver und sorgen beim Zuschauer für atemraubende Spannung.

In der Red Cliffs Adventure Lodge, nicht weit entfernt von Moab, befindet sich ein umfangreiches Filmmuseum. In ihm werden alle Filme, die im Südosten Utahs gedreht wurden, ausgestellt. Gefüllt mit seltenen Postern, Produktionsfotos und Erinnerungsstücken gibt es einen detaillierten Einblick der langen Geschichte und der Beziehung zwischen Moab und den Filmemachern.

Um die besondere Landschaft in Moab und Umgebung richtig zu genießen, sollten Besucher hier mindestens eine Nacht einplanen.

TAG 7 – FAHRT NACH BLUFF

Nach einem aufregenden Aufenthalt in Moab geht es in das zwei Stunden entfernte Städtchen Bluff. Ganz in der Nähe befindet sich das Valley of the Gods, welches schon als Drehort für die beliebte BBC-Serie „Doctor Who" diente.

„The Lone Ranger"

Im Monument Valley, nur eine knappe Autostunde von Bluff entfernt, befindet sich ein weiterer Höhepunkt der Reise. Die gewaltigen Sandsteinfelsen am heiligen Ort der Navajo-Nation sind besonders aus Westernfilmen bekannt. Sie sind wohl das bekannteste Motiv des westlichen Teils der USA. Auch Filmemacher heutzutage nutzen dieses einzigartige Panorama für spektakuläre Aufnahmen. Einer der wohl berühmtesten Blockbuster ist „Forrest Gump". Er zeigt, wie Hauptcharakter Forrest durch die Weiten der USA reist. Im Monument Valley beschließt er, dass es Zeit ist, heimzukehren. In Filmen wie „The Lone Ranger" und „Wild Wild West" erlebt man die Landschaft mit einer spannenden Geschichte. Und auch Marty McFly aus „Zurück in die Zukunft III" stattet dem Monument Valley mit seinem DeLorean einen Besuch ab.

TAG 8 – FAHRT NACH ESCALANTE ÜBER HANKSVILLE UND DEN CAPITOL REEF NATIONAL PARK

Die Rundreise geht weiter Richtung Norden. Der besonders schöne Scenic Highway 95 führt über den White Canyon River, den Colorado River und den Dirty Devil River nach Hanksville. Der nahe gelegene Goblin Valley State Park wirkt wie aus einer anderen Welt: Erosionen durch Wind und Wasser haben im Laufe von Millionen Jahren aus dem Sandstein des Tales Figuren geformt, welche an Pilze und Kobolde erinnern. Für die Science-Fiction-Parodie „Galaxie Quest – Planlos durchs Weltall" war das Goblin Valley Drehort bei den Szenen mit dem Steinmonster. Auch im Film „The Tree of Life" wurden am Ende Szenen von der Landschaft verwendet. Doch nicht nur klassische Filmregisseure, sondern auch Musikvideoproduzenten sind fasziniert von diesem Ort. Die US-amerikanische Rockband The Killers drehte dort das Video für ihren bekannten Song „Human".

Auf der Weiterfahrt nach Escalante führt die Strecke durch den Capitol Reef National Park. Er ist zwar kein Schauplatz berühmter Filme oder Serien, aber er bietet einige der schönsten Wanderwege und Aussichtspunkte im Südwesten der USA. Wer nicht viel Zeit mitbringt, aber dennoch einen guten Eindruck des Parks gewinnen möchte, der begibt sich auf eine Fahrt auf dem Scenic Drive durch den Park. Einen umfassenderen Eindruck bekommt man auf einem der zahlreichen Wanderwege, wo man die Landschaft mit besonderen Aussichtspunkten und einzigartigen Steinformationen kennenlernt.

TAG 9 UND 10 – FAHRT NACH KANAB UND ZUM LAKE POWELL

Nur zwei Fahrtstunden von Escalante entfernt liegt die Kleinstadt Kanab, die den Ausgangspunkt für Unternehmungen in den nächsten Tagen darstellt. Sie ist auch bekannt als „Kleines Hollywood", da hier eine große Anzahl an Filmen gedreht worden sind. Auch Serienproduzenten nutzten das Gebiet für Aufnahmen von „Lassie", „Rauchende Colts" oder „Wagon Train". Auch für die zweite Staffel der Erfolgsserie „Westworld" wurde Kanab als Drehort ausgewählt. Das Johnson Canyon Movie Set ganz in der Nähe ist das geschichtsträchtigste Filmset des Westens und wurde besonders während der Sternstunden von Westernfilmen oft genutzt. Eine weitere Sehenswürdigkeit ist das Little Hollywood Museum, das ein echtes Hollywood-Set mit Bauwerken aus dem 1970er-Jahre-Film „Der Texaner" beherbergt. Doch auch moderne Produktionen wie das Science-Fiction-Drama „John Carter – Zwischen zwei Welten" wurden dort gedreht.

Ein Tagesausflug von Kanab aus führt zum weitläufigen Stausee Lake Powell. Auf einem gemieteten Boot oder einer geführten Schiffsrundfahrt lässt sich der See, der unter anderem in „Planet der Affen" oder „Gravity" zu sehen ist, erkunden. Die folgende Nacht wird noch einmal in Kanab verbracht, bevor es auf der Reise weiter Richtung Westen nach St. George geht.

TAG 11 – FAHRT NACH ST. GEORGE

Die Stadt in der südwestlichen Ecke des Bundesstaates liegt nur anderthalb Autostunden entfernt. Neben beliebten Liebesfilmen wie „High School Musical 2" oder „Auf der Jagd nach dem grünen Diamanten" wurden hier auch echte Klassiker gedreht. Am bekanntesten sind wohl „Zwei Banditen" und „Der Eroberer". Liebhaber von Komödien werden hier auch zahlreiche Schauplätze von „Flintstones – Die Familie Feuerstein" wiedererkennen.

Wer auch nachts noch staunen möchte, der bucht sich im nahe gelegenen Zion National Park ein Stargazer-Zelt. In ihm hat man, aufgrund einer Öffnung in der Zeltdecke, einen perfekten Blick auf die Sterne.

TAG 12 – RÜCKFAHRT NACH SALT LAKE CITY

Von jetzt an führt die Route wieder nordwärts zurück in Richtung Salt Lake City. Bei der Fahrt auf der Interstate 15 passiert man Cedar City, welches als Schauplatz für das berühmte Westerndrama „Union Pacific" genutzt wurde. Nach vier Stunden kehrt man wieder nach Salt Lake City zurück. Hier endet die Rundreise mit dem Heimflug nach Deutschland.

43. Utahs Norden und der Yellowstone National Park

DER YELLOWSTONE LOOP

Ein altes Sprichwort sagt: „Der Weg ist das Ziel", und nichts verkörpert dieses Sprichwort besser als eine Reise um die Yellowstone-Schleife, den sogenannten Yellowstone Loop. Der Yellowstone National Park und der Grand Teton National Park sind Top-Destinationen im Westen der USA. Verbringen Sie eine traumhafte Zeit in den beiden Nationalparks und genießen Sie die atemberaubende Landschaft, fotografieren Sie die einzigartige Tierwelt, bestaunen Sie die Geysire und heißen Quellen – aber planen Sie etwas mehr Reisezeit ein, um die gesamte Route mit allen Sinnen zu erkunden. Denn Ihre atemberaubende und vielseitige Reise beginnt bereits in Salt Lake City.

UTAHS HAUPTSTADT – SALT LAKE CITY

Salt Lake City ist das Tor zu Utahs 14 nahe gelegenen, erstklassigen Skigebieten, den fünf bekannten Nationalparks „The Mighty 5®" im Süden sowie zum Yellowstone National Park und Grand Teton National Park im Norden. Das Stadtzentrum von Salt Lake City und die dortigen Sehenswürdigkeiten kann man gut zu Fuß erkunden. Zahlreiche Restaurants, Bars und kulturelle Attraktionen lassen die Metropole aufblühen. Besuchen Sie den historischen Tempel Square, gehen Sie im City Creek Center shoppen, erkunden Sie das ausgezeichnete Utah Natural History Museum oder genießen Sie einfach die Natur auf einem der vielen Wanderwege rund um die Stadt.

PIONIERGESCHICHTE: OGDEN – LOGAN

Wollten Sie schon immer einmal in einem echten Western Saloon speisen? Dann planen Sie auf Ihrer Weiterreise ein Mittagessen in Ogdens historischer 25th Street ein. Einst gab es hier viele Saloons, die durch Ogdens wirtschaftlich bedeutenden Status als Eisenbahnknoten florierten. Heute bietet die Historic 25th Street einen Einblick in die Vergangenheit und gibt Besuchern die Möglichkeit, lokale und einzigartige Geschäfte, Antiquitätenläden und Restaurants zu entdecken. Lassen Sie den Tag in Logan ausklingen. Die Stadt liegt

Ogden

in Utahs idyllischem Cache Valley, das für Outdoor-Aktivitäten, historische Sehenswürdigkeiten und sogar weltweit für seine Musical-, Opern-, Theater-, und Broadwayshows bekannt ist. Die erschwinglichen Unterkünfte und köstlichen Restaurants der Stadt liegen nur zehn Autominuten vom Uinta-Wasatch-Cache National Forest entfernt, der zum Wandern, Radfahren, Kanufahren, Angeln und zur Vogelbeobachtung einlädt.

Im American West Heritage Center in Logan lebt die Zeit des Wilden Westens der 1800er-Jahre wieder auf. Lassen Sie sich durch kostümierte Darsteller näherbringen, wie Trapper, Pioniere und Farmer zur Wende des Jahrhunderts gelebt haben. Melken Sie eine Kuh, sehen Sie Bisons hautnah, reiten Sie ein Pony oder steigen Sie in einen historischen Zug ein. Dies alles und vieles mehr gibt es in Logan zu entdecken.

BERG OASE: BEAR LAKE – GRAND TETON – JACKSON

Fahren Sie auf dem Weg nach Jackson über den Logan Canyon National Scenic Byway (ca. 69 Kilometer) und erblicken Sie die unberührte Landschaft mit dramatischen Felsformationen, idyllischen Wildblumen und dem Logan River. Legen Sie einen Stopp an der Beaver Creek Lodge ein und unternehmen Sie einen Ausflug auf einem Pferd oder mit einem ATV-Geländewagen.

Karibisches Feeling am Bear Lake

Um die Mittagszeit sollten Sie am Bear Lake ankommen. Der Bear Lake ist ein tiefer natürlicher See, der für seine strahlend türkise Farbe bekannt ist, die insbesondere an sonnigen Tagen leuchtet. Die intensive Farbe des Sees entsteht durch im Wasser vorhandenes Kalziumkarbonat. Am südwestlichen Ufer des Bear Lake liegt das Städtchen Garden City, das für seine legendären Himbeer-Shakes bekannt ist.

Angekommen am Grand Teton National Park bietet sich Ihnen eine einzigartige Aussicht auf die umliegende Berglandschaft. Nehmen Sie sich Zeit und fotografieren Sie die historische Scheune „Mormon

Row", fahren Sie Kanu auf dem Jenny Lake, folgen Sie den Spuren von Ansel Adams am Snake River und wandern Sie in der frischen Bergluft. Dieser Nationalpark ist eine wahre Schatztruhe!

Die Kleinstadt Jackson liegt am südlichen Eingang zum Grand Teton National Park. Hier gibt es zu jeder Jahreszeit viel zu sehen und zu erleben. Nicht verpassen sollten Sie den Silver Dollar Saloon, die Million Dollar Cowboy Bar, das National Museum of Wildlife Art und das National Elk Refuge sowie die erstklassigen Kunstgalerien. Der Name Jackson Hole bezeichnet das Tal, das in der Nähe der Stadt Jackson liegt und bekannt für Ski- und Wintersportaktivitäten ist.

DER ERSTE NATIONALPARK DER WELT: YELLOWSTONE – WEST YELLOWSTONE

Im Jahr 1872 gegründet ist Yellowstone der weltweit erste Nationalpark. Als John Colter die Lewis-und-Clark-Expedition im Jahr 1806 verließ und durch das heutige Gebiet des Nationalparks reiste, bezeichnete er es als „Land von Feuer und Schwefel". Der Yellowstone liegt eingebettet in den Krater eines alten Vulkans, der sich auf einer Höhe von ca. 2400 Metern über 8982 Quadratkilometer erstreckt. Der Park zeichnet sich durch 10.000 heiße Quellen und 200 Geysire aus, und das raue Bergland ist die Heimat von verschiedenen Tieren wie Grizzlybären, Wölfe, Elchen und Bisons. Bedenken Sie bei Ihrem Besuch, dass die Tiere in freier Wildbahn leben und viele von ihnen gefährlich werden können.

Die Kleinstadt West Yellowstone, die etwas außerhalb des westlichen Eingangs zum Yellowstone National Park liegt, ist ein ganzjähriger Anlaufpunkt, insbesondere auch für Familien mit Kindern. An majestätischen Gipfeln gelegen und die Naturschönheit des Parks überblickend hat die Kleinstadt eine reiche Geschichte und vielseitige Aktivitäten zu bieten. West Yellowstone ist nur wenige Minuten von einigen der beliebtesten Sehenswürdigkeiten des Yellowstone entfernt, wie z. B. dem Old Faithful und dem Grand Canyon des Yellowstone. Die Kleinstadt West Yellowstone ist Ausgangspunkt für viele Aktivitäten zu jeder Jahreszeit: Fischen in den Forellenströmen, Langlaufskifahren, mit dem Schneemobil die verschneite Landschaft erkunden oder ausgiebige Wanderungen oder Radtouren durch die umliegenden Wälder unternehmen. Weitere beliebte Sehenswürdigkeiten von West Yellowstone sind außerdem das Grizzly and Wolf Discovery Center und das Yellowstone Historic Center.

WILDTIERE UND HEISSE QUELLEN: POCATELLO – LAVA HOT SPRINGS

Pocatello, Idaho, ist nach einem indianischen Häuptling der Shoshonen benannt. Lernen Sie im weltweit einzigen Museum of Clean (einem Museum über die Geschichte des Reinemachens) mit einem Rakel umzugehen. Stehen Sie ehrfürchtig vor Säbelzahntigern und riesigen prähistorischen Bisons im Idaho Museum of Natural History. Oder fühlen Sie sich zurückversetzt in die Geschichte der Ureinwohner Amerikas und der Pionierzeit bei der Besichtigung von einem

Herbst in Nord-Utah

der wichtigsten Handelsposten Fort Hall oder im Bannock County Historical Museum. Lassen Sie sich im Lazy River des aquatischen Centers treiben, genießen Sie einen Spaziergang durch die historische Altstadt von Pocatello oder beobachten Sie Grizzlys, Pumas, Bisons und andere einheimische Tierarten im Zoo Idaho.

In den Becken der Kleinstadt Lava Hot Springs blubbern pro Tag über neun Millionen Liter an heißem, mineralhaltigem, geruchsfreiem Wasser aus natürlichen unterirdischen Quellen. Die Becken erreichen eine Temperatur von ca. 39 bis 44 Grad Celsius. In Lava Hot Springs gibt es den Olympic Swimming Complex, der mit seinem Indoor Aquatic Center besonders für Familien geeignet ist. Er verfügt über Kinderbecken, Rutschen, Sprungtürme und Kletterwände. Restaurants, Unterkünfte, Einkaufsmöglichkeiten, Museen und vieles mehr sind ebenfalls ganzjährig in Lava Hot Springs geöffnet.

TRANSKONTINENTALE EISENBAHN: BRIGHAM CITY

Auf der weiteren Routen kommen Sie zur Golden Spike National Historic Site, einer Hommage an die Ausdauer all jener, die an der Fertigstellung der transkontinentalen Eisenbahn quer durch Nordamerika gearbeitet haben. Zwei schöne, voll funktionsfähige Nachbildungen der Original-Lokomotiven werden vom 1. Mai bis zum Labor Day (dem ersten Montag im September) ausgestellt. Der Zusammenschluss der Eisenbahn durch den „Golden Spike" ist ein wichtiges Ereignis in der amerikanischen Eisenbahngeschichte und wird an jedem Samstag im Sommer nachgestellt. Fahren Sie weiter zur Vogelauffangstation Bear River Migratory Bird Refuge. In der Auffangstation können Sie, wie nirgendwo sonst in den USA, die dortigen Wasservögel erleben. Auf über 80.000 Hektar Sumpf- und Hochlandfläche kann man hier über 230 verschiedene Vogelarten in ihrem natürlichen Lebensraum beobachten.

PITTORESKE STADT IN DEN ROCKY MOUNTAINS: PARK CITY

Die Stadt Park City liegt in Utah und kann mit Recht behaupten, eine der idyllischsten Städte in den Rocky Mountains zu sein. Durch die Kombination von Silberbergbauvergangenheit, Naturschutz und Innovation schafft Park City den Spagat zwischen Komfort, geschützter Natur und Wohlstand. Entdecken Sie die vielfältigen Aktivitäten, die Park City zu bieten hat, einschließlich Wildwasser-Rafting, Fliegen-

Logan Canyon

fischen oder Radfahren und Wandern. Auf der Suche nach Entspannung finden Sie Ihr Gleichgewicht beim Paddle-Board-Yoga in einem geothermischen Krater oder bei einer luxuriösen Spa-Behandlung. Für ausgiebiges Shopping besuchen Sie die Tanger Outlet Mall. Nach einem ereignisreichen Tag kehren Sie in einem der zahlreichen Restaurants auf der Historic Main Street ein und lassen den Abend in der High West Distillery bei einem Glas Whiskey oder einem lokal gebrauten Bier ausklingen.

DINOSAURIER LAND: FLAMING GORGE – VERNAL

Die atemberaubend schöne Flaming Gorge National Recreation Area ist ein perfekter Ort zum Fischen. Mit unglaublichen 15.000 Forellen pro Meile hat die Gegend bereits elf Fischerei-Rekorde aufgestellt. Aber es gibt noch viel mehr zu erleben: Besonders beliebt sind Rafting-Touren auf dem legendären Green River. Oder genießen Sie ganz einfach die unberührte Natur auf den umliegenden Wanderwegen. Oder erfahren Sie mehr über die Geschichte des Geächteten Butch Cassidy auf der historischen Jarvie Ranch. Lassen Sie Ihren Blick über die weite Landschaft schweifen und beobachten Sie die frei lebenden Tiere, fahren Sie mit dem Kajak unter hoch aufragenden Klippen hindurch und erholen Sie sich in wunderschönen Lodges, die Ihnen die herzhafte Küche des amerikanischen Westens näherbringen.

Drehen wir die Uhren zurück in die Zeit vor 159 Millionen Jahren, als Dinosaurier die Erde beherrschten. In Vernal besuchen Sie die Wall of Bones, an der Besucher die Dinosaurierskelette nicht nur ansehen, sondern auch anfassen können. Das dortige Dinosaur National Monument ist eine über 700 Quadratkilometer große letzte Ruhestätte für die prähistorischen Giganten. Sehen Sie mit eigenen Augen, wie die Welt zur Zeit der Dinosaurier ausgesehen hat, und entdecken Sie die Gegend rund um Vernal. Auf Sie warten drei Nationalparks, zahlreiche Möglichkeiten zum Wandern, Rafting und Angeln, die interessante Geschichte der Eroberung des Westens sowie die Geschichte der Indianer, der Ureinwohner Amerikas. Mit einer Fülle an Aktivitäten vor Ort werden Sie wünschen, Sie hätten noch viel mehr Zeit mitgebracht.

Im Monument Valley

ALKOHOL

Utah hat in den letzten Jahren seine Alkoholgesetze modernisiert und gilt nicht mehr als „Dry State". Überall im Staat hat sich z. B. eine starke Destillerie- und Mikrobrauereiszene mit ausgefallenen Sorten etabliert – Tendenz weiter wachsend. Das gesetzlich zulässige Alter zum Kauf und Konsum von alkoholischen Getränken liegt in Utah wie in den gesamten USA bei 21 Jahren. Ein Altersnachweis in Form des Reisepasses ist in Utah immer notwendig und beim Ausgehen mitzuführen. Alkoholische Getränke (Wein, Spirituosen und Bier) sind in Utah auf zwei Arten nahezu in allen gastronomischen Einrichtungen erhältlich: als Getränk oder verpackt als Flasche oder Dose. In Supermärkten, Lebensmittelgeschäften und Tankstellen ist ebenfalls Bier käuflich, für andere alkholische Gtränke muss ein State Liquor Store aufgesucht werden.

ANREISE

Derzeit gibt es keine Nonstop-Flüge aus Deutschland zum Salt Lake City International Airport. Die Fluggesellschaften KLM/Delta/Air France, British Airways, Lufthansa, United Airlines sowie American Airlines bieten zusammen mit ihren Codeshare-Partnern sehr gute Verbindungen mit Zwischenstopp aus zahlreichen deutschen Städten an.

Alternativ bietet sich auch die Anreise über den Las Vegas McCarran International Airport an. Dieser liegt etwa 1,5 Stunden Fahrt von der Grenze Utahs entfernt und wird von Condor Nonstop von Frankfurt aus angeflogen. Hinweis: Bis 2024 wird der Salt Lake City International Airport parallel zum laufenden Flugbetrieb umfangreich modernisiert und erweitert. Einschränkungen für Passagiere und Reisende sind nicht zu erwarten.

AUSKUNFT FÜR DEUTSCHLAND, SCHWEIZ & ÖSTERREICH

- **Utah Office of Tourism**, c/o Harwardt PR & Marketing, Landwehrstraße 68, 30519 Hannover, Tel.: +49 511 67410345, visitutah.com/de/, utah@harwardt-marketing.com

DIPLOMATISCHE VERTRETUNGEN

- **US-Botschaft Deutschland:** Clayallee 170, D-14192 Berlin, Tel.: +49 30 83050
- **US-Botschaft Schweiz:** Sulgeneckstraße 19, CH-3007 Bern, Tel.: +41 31 357 70 11 ch.usembassy.gov/de
- **US-Konsulate** in Düsseldorf, Frankfurt, Hamburg, Leipzig, München

EIN- UND AUSREISEBESTIMMUNGEN

Seit dem 12. Januar 2009 müssen Staatsbürger aus Deutschland, Österreich und der Schweiz, die sich aufgrund einer Ferien- oder Geschäftsreise bis zu 90 Tage in die USA aufhalten, vor ihrer Ankunft über den Luft- oder Seeweg eine elektronische ESTA-Reisegenehmigung (Electronic System for Travel Authorization) beantragen. Diese ist über das Internet (auch in Deutsch) nicht später als 72 Stunden vor Abflug in die USA einzuholen; Gültigkeit: Zwei Jahre ab Ausstellungsdatum, Kosten: 14 US-Dollar.

- **Website ESTA:** esta.cbp.dhs.gov
- **Weitere Infos:** de.usembassy.gov/de

Für die Einreise in die USA ist ein maschinenlesbarer Reisepass, der noch mindestens sechs Monate nach beabsichtigten Abreisedatum aus den USA gültig sein sollte. Der Personalausweis ist bei USA-Reisen unbrauchbar. Bitte auch die aktuellen Informationen des Auswärtige Amtes beachten, auswaertiges-amt.de/de. Bei jeder Reise empfehlen wir, zusätzlich Kopien der wichtigsten Dokumente anzufertigen und diese separat von den Originalen mitzuführen.

FEIERTAGE

New Years Day	01.01.
Dr. Martin Luther King, Jr. Day	21.01.
Washington and Lincoln Day	Dritter Montag im Februar
Memorial Day	Letzter Montag im Mai
Independence Day	04.07.
Pioneer Day	27.07.
Labor Day	Erster Montag im September
Columbus Day	Zweiter Montag im Oktober
Veteran's Day	11.11.
Thanksgiving Day	Vierter Donnerstag im November
Christmas Day	25.12.

FLÄCHE

219.900 Quadratkilometer (entspricht etwa zwei Drittel von Deutschland, fünfmal die Schweiz)

Bei der Planung von Routen/Touren sollten die Distanzen innerhalb Utahs stets berücksichtigt werden.

FLASH FLOODS

Aufgrund des Klimas existieren in den USA – und damit auch in Utah – größere Wettergefahren als in Europa. Eine große Gefahr bereiten sogenannte Flash Floods – Sturzfluten – genannt. Besonders sind diese bei Wanderungen in Utahs (Slot) Canyons (Peek-A-Boo, Buckskin Gulch, The Narrows etc.) zu berücksichtigen. Diese Wasserfluten können ohne Vorwarnung bei schlechtem Wetter bzw. nach Regenfällen flussaufwärts jederzeit auftreten. Bitte die aktuellen Tages-Informationen an den Besucherzentren der Nationalparks und State Parks beachten oder Ranger direkt ansprechen.

FÜHRERSCHEIN

Offiziell genügt in den USA der deutsche, österreichische oder Schweizer Führerschein. Zusätzlich empfiehlt sich jedoch, den Internationalen Führerschein (International Driver's Licence; erhältlich beim örtlichen Ordnungsamt) mitzunehmen, falls nicht der neue Euro-Führerschein in Kreditkartenformat vorliegt. Der Internationale Führerschein gilt nur in Kombination mit dem nationalen Führerschein, er ist kein Ersatz.

GRÜNDUNG

4. Januar 1896

HÖHENLAGE

Die meisten Abenteuer in Utah beginnen auf einer Meereshöhe über 1219 Meter. In einigen Regionen sowie auf den Strecken zwischen den Nationalparks werden 2743 Meter Höhe überschritten. In den Bergen können Höhenlagen zwischen 3000 und 4000 Metern erreicht werden. Um der Höhenkrankheit vorzubeugen, ist eine Überanstrengung in den ersten Tagen nach Anreise möglichst zu vermeiden, damit sich der Körper anpassen kann. Im Rahmen der Anpassung kann z. B. auch gelegentliches Nasenbluten vorkommen. Mindestens zwei bis drei Liter Wasser trinken.

KLEIDUNG & CO.

Aufgrund des variablen Wetters (siehe „Reisezeit", Seite 223) empfehlen wir, folgende Kleidung und Ausrüstung für eine Reise nach Utah zu berücksichtigen:

- Sonnenbrille, Cap/Hut, Sonnencreme, Lippenbalsam
- Griffige Wanderschuhe, Laufschuhe
- „Zwiebel-Look": Hoodie, Strickjacke, Tops, T-Shirts, Shorts, Sporthosen, Jeans
- Winter: adäquate Thermo-Winterkleidung
- Mittelschwere warme Jacke, vorzugsweise Regencape für Aktivitäten auf und im Wasser (z. B. Rafting)
- Mehrweg-Wasserflasche
- Kleiner Tagesrucksack
- Adapter

KNIGGE

60 Prozent der Bevölkerung Utahs gehören der Religion der Kirche Jesu Christi der Heiligen der Letzten Tage (The Church of Jesus Christ of Latter-day Saints) an. Die Kirche hat weltweit gut 16 Millionen Mitglieder. Sie ist nach Protestanten, Katholiken und Juden die viertgrößte Glaubensgemeinschaft in den USA und die größte im Bundesstaat Utah, wo sie in Salt Lake City ihren Hauptsitz hat. Seit Jahren gibt es Bemühungen, den vielerorts verbreiteten Begriff „Mormonen" oder „Mormonenkirche" zu ersetzen. Seit 2018 bittet die Gemeinschaft offiziell darum, dass sie als Mitglieder der „Kirche Jesu Christi der Heiligen der Letzten Tage" bezeichnet werden. Die Namensumbenennung bezieht sich auf nahezu alle Bereiche: Man spricht vom Salt Lake Temple sowie Temple Square. Auch der weltberühmte Tabernakel-Chor, der Konzerthallen

rund um den Globus füllt und bei den Amtseinführungen zahlreicher US-Präsidenten auftritt, heißt jetzt: der Tabernakel-Chor am Tempelplatz (The Tabernacle Choir at Temple Square).

MOTTO

Life Elevated

NATURSCHUTZ

Leave no Traces: Utahs Naturwunder sind einzigartig und Magnet für Tausende Menschen jedes Jahr. Diese Anziehung macht es notwendig, dass die archäologischen, paläontologischen und natürlichen Ressourcen geschützt werden, um die Attraktionen auch für zukünftige Generationen zu wahren. Daher ist bei jedem Besuch darauf zu achten, dass z. B. die Regeln der Naturschutzgebiete eingehalten werden. Aber auch außerhalb dieser, im Niemandsland oder in urbanen Zentren, ist der ökologische Fußabdruck eines jeden Reisenden gefragt. Das Utah Office of Tourism sowie seine Partner und die Utahns selbst wissen Ihr Engagement im Hinblick auf den Umweltschutz zu schätzen. Helfen Sie aktiv, die natürliche Umwelt zu erhalten, während Sie gleichzeitig andere Besucher respektieren und sich selbst schützen. Im Folgenden sind einige „Spielregeln" für das umweltschonende Miteinander und Entdecken aufgelistet.

- Entsorgen Sie Ihren Müll in den dafür vorgesehenen Abfallbehältern oder nehmen ihn mit.

- Respektieren Sie den Lebensraum der Tierwelt, beobachten Sie diese auch zu Ihrem persönlichen Schutz aus der Ferne. Bitte nicht füttern.

- Bleiben Sie auf ausgewiesenen Wegen.

- Denken Sie stets an ausreichend Wasser sowie adäquate Kleidung beim Aktivsein in der Natur.

- Bitte keine Steintürme stapeln, da sie das Ökosystem schädigen. Auch das Springen auf Steinfelsen bzw. auf Felsformationen trägt nicht zum Schutz der geologischen Formationen bei.

PÄSSE

Wer in Utah unterwegs ist und die zahlreichen Naturschutzgebiete entdecken möchte, dem empfehlen wir mit Blick auf Ersparnis zwei besondere Pässe. Beschränkt sich die Route ausschließlich auf die 44 State Parks Utahs, dann sollten Reisende den Utah State Park Pass erwerben. Der America the Beautiful Pass hingegen beinhaltet den Eintritt in die fünf Nationalparks Utahs und rentiert sich bereits ab drei Parks und besonders, wenn die Reiseroute auch Nationalparks in anderen US-Bundesstaaten vorsieht. Beide Pässe können an den Visitor Centers vor Ort erworben werden – oder online im Voraus (Versandzeiten berücksichtigen):

- **Utah State Parks Annual Pass:** 75 USD, ein Jahr gültig ab Kaufdatum nur für die State Parks in Utah, stateparks.utah.gov/resources/passes/

- **America the Beautiful Pass:** 80 USD, ein Jahr gültig ab Kaufdatum für alle Nationalparks der USA, nps.gov/planyourvisit/passes.htm

- **Ski-Pässe:** Für Utahs 15 Skigebiete sind unterschiedliche Ski-Pässe erhältlich, skiutah.com

RAUCHEN

Tabakwaren dürfen in Utah gesetzlich ab einem Alter von 19 Jahren verkauft werden. Als Teil des Utah Indoor Clean Air Act ist das Rauchen in allen räumlich geschlossenen Orten mit öffentlichem Zugang, in allen öffentlichen Gebäuden und Büros, mit wenigen Ausnahmen, verboten.

REISEZEIT

Utah ist aufgrund seines vielfältigen Klimas (Steppenklima) und der einzigartigen Geologie ganzjährig zu bereisen. Es gibt vier ausgeprägte Jahreszeiten, wobei die Temperaturen stets von Norden nach Süden variieren – der Süden Utahs ist immer wärmer. Utah bietet einen milden Frühling (April bis Mai) mit sporadischen Regenfällen. Im Sommer (Hochsaison Juni bis August) können in einigen Regionen, besonders Southern Utah, teilweise Temperaturen bis weit über 40 Grad vorkommen. Im südlichen Utah herrscht dann und im Frühherbst „Monsun-Zeit", d. h. es kann bedrohliche Gewitter, Starkregen und Überschwemmungen geben. Der Herbst fasziniert mit dem Indian Summer, denn aufgrund der vielen Laubwälder (Zitterpappeln) verfärbt sich Utah in ein buntes Blättermeer und ist somit ebenfalls ein Magnet für Leaf Peeping. Die Winter in Utah (November bis März) können sehr kalt und schneereich werden. Im Durchschnitt fallen 13 Meter Neuschnee, die Saison 2018/19 war ein Rekordjahr mit sogar 18 Metern.

Aufgrund der Höhenlagen ist stets auf die Flüssigkeitsaufnahme zu achten, denn der menschliche Körper benötigt in diesen Zonen mehr Wasser. Wenn dann noch das Aktivitäts-Level mit Wandern, Mountainbiken etc. erhöht wird, kann eine Vernachlässigung des Wasserhaushaltes zu Kreislaufbeschwerden führen.

STEUERN

- Die Mehrwertsteuer(Sale Tax) in Utah liegt zwischen 4,7 und 8,7 Prozent.

- Die Mehrwertsteuer des Salt Lake County beträgt 6,85 Prozent.

- Die Lebensmittelsteuer liegt bei 3,0 Prozent.

TOURENANBIETER (GUIDES UND OUTFITTER)

Touranbieter	Stadt
Four Corners Adventures	Blanding
Bryce Canyon Tours at Ruby's Inn	Bryce Canyon City
Epic One Adventures	Draper
Old Moe Guide Service	Dutch John
Escalante Outfitters & Bunkhouse	Escalante
Excursions of Escalante	Escalante
Holiday River Expeditions	Green River
Get in the Wild Adventures	Hanksville
Wilderness Access Outfitters	Heber City
Diamond Peaks Heli Ski Adventures	Huntsville
Zion Country Off-Road Tours	Hurricane
Zion Helicopters	Hurricane
Coral Pink ATV Tours	Kanab
Dreamland Safari Tours	Kanab
Kanab Tour Company	Kanab
National Park Tourz	Kanab
Rocky Mountain Outfitters	Midway
Adrift Adventures Moab	Moab
Canyon Voyages Adventure Co.	Moab
Canyonlands Ballooning	Moab
Canyonlands by Night & Day	Moab

Touranbieter	Stadt
Moab Adventure Center	Moab
NAVTEC Expeditions	Moab
Redrock Express	Moab
Skydive Moab	Moab
Tag-A-Long Expeditions	Moab
Western River Expeditions	Moab
Xtreme 4x4 Tours	Moab
Majestic Monument Valley Touring	Monument Valley
Sacred Monument Tours	Monument Valley
Simpson's Trailhandler Tours	Monument Valley
Goulding's Lodge & Tours	Monument Valley
Skydive the Wasatch	Nephi
Park City Powder Cats & Heli-Ski Inc.	Oakley
Mountain Vista Touring	Park City
Park City Balloon Adventures	Park City
Park City Outfitters	Park City
Utah Luxury Tours	Park City
City Sights, Inc. – Salt Lake City	Salt Lake City
Eaglerider and Adventure Rentals	Salt Lake City
Salt Lake Bicycle Tours	Salt Lake City
Ski Utah Interconnect Adventure Tour	Salt Lake City
Utah Mountain Adventures	Salt Lake City

Touranbieter	Stadt
Austin Adventures	Springdale
Bike Zion	Springdale
Red Desert Adventure	Springdale
Zion Adventure Company	Springdale
Zion Outfitter	Springdale
Southern Utah Scenic Tours	St. George
ATV & Jeep Adventure Tours	St. George
Paragon Adventures	St. George
Capitol Reef Adventure Company	Teasdale
Backcountry Outfitteres	Torrey
Hondoo Rivers & Trails	Torrey
Canyon Trail Rides	Tropic
Red Rock Adventure Guides	Tropic
Dinosaur River Expeditions	Vernal
Holiday River Expeditions	Vernal

TRINKGELD

Trinkgeld ist bei Aktivitäten, Restaurants, Hotels oder Veranstaltungen nicht im Endpreis enthalten. Bitte denken Sie daran, den Service daher angemessen wertzuschätzen. Es ist keine Pflicht, aber das Personal, welches nur bescheidene Löhne erhält, ist auf Trinkgeld angewiesen. Der „Tip" wird in den USA auf dem Tisch liegen gelassen.

Allgemeine Richtlinien bzgl. Trinkgeld für die USA sind (vor Steuern):

- **Restaurant:** solide (zehn bis 15 Prozent), gut (15 bis 20 Prozent), sehr gut (20 bis 25 Prozent)
- **Hotel:** zwei bis drei USD pro Nacht
- **Guide:** Zehn Prozent des Tourpreises
- **Taxi/Uber:** 15 bis 20 Prozent (Fahrpreis auf vollen Dollar aufrunden)

WEBSITES

- **Visit Utah:** visitutah.com
- **Visit Utah (Sprache: Deutsch):** visitutah.com/de
- **State of Utah:** utah.gov
- **National Park Service:** nps.gov
- **Flughafen Salt Lake City:** slcairport.com
- **Ski Utah:** skiutah.com

ZEITZONE

Mountain Standard Time (GMT, minus sechs Stunden in der deutschen Sommerzeit, minus sieben Stunden in der deutsche Winterzeit)

AUTOREN & GASTAUTOREN

Sarah Harwardt
2016 gründete Sarah Harwardt die Boutique-Agentur Harwardt PR & Marketing, um mit ihrem Know-how in Tourismus- und Destinationsmarketing das Utah Office of Tourism zu repräsentieren. Was sie so spannend an Utah findet? Dass sie bei jeder Reise eine neue Facette und unterschiedlichste Landschaften kennenlernt, die „nicht von dieser Welt" scheinen.

Claudia Seidel
Claudia Seidel ist als PR Managerin für das Utah Office of Tourism tätig. Ihr Kosmos: neue Weltenbummler vom oftmals unterschätzten Utah begeistern, so wie sie ihr Herz an den „Beehive State" verloren hat. Ihre Lieblingsmomente: Das Gefühl von Freiheit auf einem Roadtrip – und Einswerden mit den Naturwundern.

Bernhard Krieger
Bernhard Krieger kennt Nordamerikas Skiszene wie wenige andere. Der Kölner Journalist hat schon fast alle relevanten Skigebiete sowie Arten wie Catskiing und Heliskiing der USA getestet. Besonders gern ist der Chefredakteur von SKI USA in Utah unterwegs.

Christian Dose

Christian Dose ist unter anderem Chefredakteur des Magazins 360° USA, Autor mehrerer Reiseführer und berät im Hauptjob als festgestellter Berater für Investor und Public Relations große deutsche Konzerne. Bei mehr als ein Dutzend Reisen in die USA hat er Utah insgesamt vier Mal besucht.

Imke de Jonge

Die Fotografin, Autorin und Travelbloggerin Imke de Jonge aus Hamburg ist am liebsten abseits der Touristenströme unterwegs und immer auf der Suche nach außergewöhnlichen Motiven, Blickwinkeln und Abenteuern.

Jan de Jonge

Jan de Jonge hat sein Herz bereits im frühen Kindesalter an das von Abenteuern und Freiheit geprägte Gefühl der USA verloren. Seit einigen Jahren berichtet der Hamburger Autor und Fotograf als Reiseblogger von seinen Erfahrungen unterwegs abseits der ausgetretenen Pfade, immer auf der Suche nach den kleinen, aber besonderen Momenten einer Reise.

Bildnachweis:
Aaron Hawkins S. 210 | Adam Barker Photography S. 83o | Adam Clark S. 65, 161 | Andrea David, Filmtourismus.de S. 149, 151 | A.Tcmyk S. 83u | Audrey Livingston S. 120/121 | Austen Diamond Photography S. 210, 22, 156, 166, 170, 171, 176, 199 | Barry Gutierrez S. 75 | Bernhard Krieger S. 228u | Blonde in Transit (IG) S. 81 | Christian Dose S. 229o | Claire Wiley/NAC S. 179 | Claudia Seidel S. 228m | David Pettit S. 60 | Dean Krakel S. 115, 116, 155o | Deer Valley Resort S. 163o | Discover Moab S. 119 | Disney Enterprise, Inc. And Jerry Bruchheimer Inc. S. 205 | Don Cook/NAC S. 178 | Eric Erlenbusch S. 94 | Frank Jensen S. 52 | Hage Photo/Matt & Agn S. 198 | Ice Castle Heber Valley S. 168 | Imke de Jonge S. 229m | Jackalope Trading Company S. 136 | Jan de Jonge hikelust.de S. 229u | Jay Dash Photography S. 46/47, 56, 58, 62, 76, 85o, 85u, 91, 102, 104, 106, 129, 138, 163u, 174, 209 | Jeremiah Watt S. 80, 86u, 107, 141 | Jim Urquhart S. 96, 157o | Joe Graf S. 53 | Justin McFarland-Storyful S. 23 | Kane County Office of Tourism S. 122/123, 124o, 124u, 148 | Karl Hugh Shakespeare Festival 2019 S. 131 | Kevin Winzeler Cycling S. 184 | Kyle J Jenkins S. 185 | Larry C. Price S. 33 | Louis Arevalo S. 132 | Map4news S. 12, 13 | Marc Oster Photography S. 70 | Marc Piscotty S. 79, 86o, 88, 99, 110, 111, 114, 118, 135, 142, 144, 145, 146, 157u, 159 | Matt Gee S. 29, 66/67 | Matt Morgan S. 17, 27, 42, 44, 68, 108, 109, 126, 155u | Michael Kunde S. 18, 90, 216 | Mike Shirf S. 140 | Nicole Morgenthau S. 103, 137 | Paul Brady S. 41 | Rick Whitacre S. 195 | Rosie Serago S. 35 | Royce Bair S. 197 | Sandra Salvas S. 186, 190, 191, 194, 201 | Sara Winter S. 25 | Sarah Harwardt S. 228o | Scott Barlow S. 212/213 | Scott Markewitz S. 160, 164, 167 | Ski Utah S. 162 | SLCIA S. 16 | Steve Greenwood Umschlag Innenseite hinten, S. 28, 214 | Ted Hesser S. 84u, 125, 139 | Thinkstock S. 20 | Tom Till S. 15, 38, 40, 50, 54, 130 | UOT Cover, S. 19, 21u, 24, 31, 34, 36, 48, 72, 73, 74, 78, 84o, 98, 100, 158, 165, 173, 180, 183 | Utah Film Commission S. 150, 204o, 204u | Uwe Barnstein S. 153 | Visit Park City S. 113 | Wayne Pinkston S. 93